生活勵志
057

慢下來……幸福就不會擦肩而過

暢銷心靈作家
何權峰
著

高寶書版集團

【作者序】

慢下來，幸福就不會擦肩而過

「愚人向遠方尋求快樂，智者在腳下栽種幸福。」

——美國詩人歐本海默

有多少人抱持著「某天能得到幸福」的想法，以此規劃人生呢？我猜，多數人都是如此！

我們等待著有一天人生會如願，有一天待辦事項會全部完成，有一天身旁的那個人會改變，有一天生活中各種大小問題都會消失，有一天生命的動盪不安會歸於平靜……。但一次又一次，我們發現，事情和想像中完全不一

樣。心也在這過程中起起落落。

我們一直努力改變這個、改變那個，拒絕這個、緊抓那個，堅持著自己的觀點，卻從來沒有問過自己是否可以過一種毫無衝突的生活，淡定從容地接受這一切。

我們的欲望催促著我們不斷追求，今天要這個，明天要那個。我們擁有了更多，但還是跟以前一樣不滿，卻從不停下來問問，自己到底要什麼？

人就是這樣變得不幸——我們害怕悲慘，卻奔向它；我們想要幸福，卻遠離它。這即是本書想提醒的。

幸福是敞開心胸接納當下的一切，而不是達到我們預期的某種狀態。接受你的境遇，相信它是來讓我們成長，它是最好的安排。當我們全然接納，便會發現每一個困難都包含一份禮物。

幸福也不是追求而來，因為它從未離開過。並沒有一個特定的時間或條件能讓人「獲得幸福」，一切美好的事物都在我們身邊。

擁有幸福的方法就是感受幸福。小說家霍桑說得好：「幸福是一隻蝴蝶。

當你追逐牠的時候，總是抓不到牠；當你靜靜地坐下來時，牠就會落在你的身上。」

幸福是要你察覺的。慢下來，別再讓幸福擦肩而過。

目錄

【作者序】慢下來，幸福就不會擦肩而過 3

CHAPTER 1

人生是一支舞蹈，不是摔跤

無法改變的事，就接受吧！ 012
有什麼樣的生命，就用什麼樣的生命過活 016
誰讓人受不了？ 020
放下，問題不再是問題 024
你排斥就干擾，靜下來就消失 028
對無法控制的事，少管一點 032

CHAPTER 2

你要的祝福，藏在你不要的改變裡

不要對人生起起落落太在意 040
天底下沒有確定的事 044

人生沒有如果 048
去做你渴望的事 052
相信一切都會有最好的安排 056
每個逆境都包含一份禮物 060

CHAPTER 3
最親密的關係，是你和你念頭之間的關係

去愛不完美的自己 066
關係不可能完美，因為你不完美 070
所有外在發生的，都在自己的內在 074
只要一念轉 080
我們忘記這些都只是臆測罷了 084
關係的衝突，其實是觀點的衝突 090

CHAPTER 4

痛苦，就是提醒你該放下了

思想是一切問題的根源 098
憤怒起於愚昧，終於悔恨 102
為什麼我會有這樣的反應？ 106
放下，放過 110
逝者已矣，來者可追 114
你不緊抓著念頭，它自然消失 118

CHAPTER 5

錯過，就是你人在心卻不在

慢下來，幸福就不會擦肩而過 126
一次只做一件事 130
人在哪裡，心在哪裡 134
一期一會 138
你現在不快樂，你一定不在現在 142
別去想，只要看 146

CHAPTER 6

當你學會死，就學會如何活

生命是不等人的 152
這輩子最好就是現在 158
如果突然你知道自己快死了 162
你可以單獨，不孤獨 168
你在身體裡，但你不是身體 172
沒有什麼是你的 176

CHAPTER 7

我們要追求的不是生活享受，而是要享受生活

快樂，就是放下你認為能使你快樂的東西 182
改善生活，不如享受生活 186
是得？是失？ 190
你是擁有，還是享有？ 194
世界不缺少美，而是缺少發現 200
幸福，需要用心去感受 204

CHAPTER 1

人生是一支舞蹈，不是摔跤

慢 下來，幸福 就不會擦肩而過

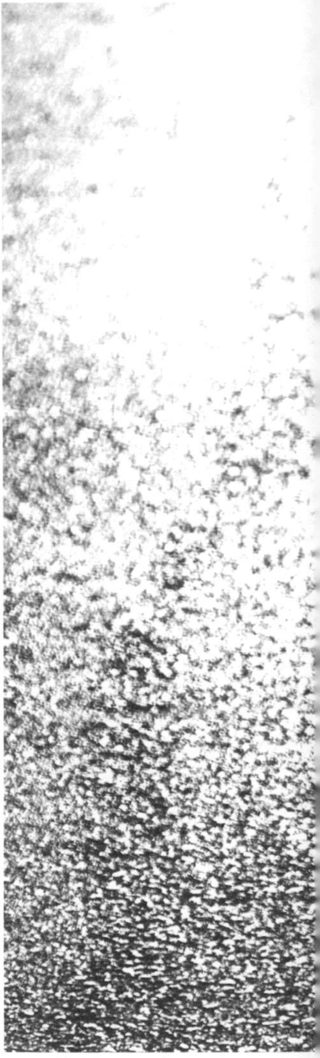

無法改變的事，就接受吧！

準備搭飛機出國，朋友忽然冒出一句話：「問你一件事情，不曉得你會不會介意？」

我光明坦蕩，百無禁忌：「沒關係，你問吧！」

朋友：「最近飛機意外頻傳，你會不會怕？」

真是哪壺不開提哪壺，原來是問這個問題，「不怕！」我立刻回答他。

「為什麼不怕？不是大家都怕死嗎？」

我說：「我本來也怕，但後來想想，怕也沒有用，怕了白怕，所以乾脆不怕！」

我怕他聽不懂，於是再說清楚一點：「怕的目的，是要讓我們避開它，譬如說怕輸錢，就不要賭博；怕被開罰單，就不要超速；怕得肺癌，就不要抽菸。但『死』這種事，既無法躲，怕也沒有用，乾脆就不用怕了。」

你可以回想一下曾擔心害怕的事，比方怕考試沒考好，怕比賽表現失常，

怕錢不夠花，怕天要下雨、怕生老病死，怕東怕西……結果可曾因你的害怕而改變嗎？

有句禪宗箴言提醒我們：「若你理解，事物只是呈現原來面貌。若你無法理解，事物依然呈現面貌。」無論事實是什麼，它就是那個樣子，無論你接不接受它都一樣。

我認識一個住在海邊的人，那裡經年累月颳著風沙，冬天時，冰冷海風吹來，更讓人受不了，雖然他很厭惡。但是如果要住下來，就必須接受事實真相，否則能怎麼辦呢？你能叫風不吹嗎？去責怪風，對風生氣，根本無濟於事，對嗎？

你的接受或排斥對結果不會有任何影響。唯一不同的是，如果你接受，內心就會平靜；如果你排斥它，你就會感到厭惡；但不管如何，事實還是一樣。

有個老農夫肩上挑著一根扁擔信步而行，扁擔上懸著一個盛滿油的壺子。他不慎失足跌了一跤，把油壺摔得粉碎，這位老農若無其事地繼續往前走。

這時，有個人匆匆跑過來激動地說：「你不知油壺破了嗎？」

「是的，」老農不慌不忙地回道：「我知道，我聽到它掉落了。」

「那麼，你怎麼不轉身，看看該怎麼辦？」

「它已經破碎了，油也流掉了——我還能怎麼樣？」他說。

面對無法改變的事，就接受吧！

什麼是接受？

接受就是順服於既成的事實：我們的環境、長相、工作、健康、得失、遭遇。

文學家林語堂說：「即使是最壞的狀況，也要照單全收，這是獲致內心平和的祕訣。」

有什麼樣的生命，就用什麼樣的生命過活

遭遇不幸時，要怎麼面對？

先接受，接受事實是克服任何不幸的第一步。

這似乎很難？

不接受只會更糟。想想，如果我是個盲人，我也接受這個事實，就不會一天到晚抗爭，想要重見光明。反之，如果不願接受這事實，那會怎麼樣？我的抗拒必然帶來掙扎，不願接受只會帶來更多痛苦，讓自己陷入絕境，不是嗎？

「接受」並不是「喜歡」，這點大家必須了解。當一個人失敗，他「接受」這個事實，不表示他「喜歡」失敗；而是只有學會接受失敗結果，面對失敗，處理失敗，才能從失敗中重新振作迎接下次挑戰。

接受也不會轉變事實，至少不會直接改變它。接受轉化的是你。當你轉化了，你的整個世界也就跟著轉化。例如，當一個人「接受」得了癌症，就

不再耗費精力，去抗拒「既成事實」。他可以把精力轉移到珍惜眼前時光、放開執著的人生觀。這樣才能減少焦慮和恐懼感，更重要的是，不再徒增挫折感，使自己能量更耗弱。

有個病人因車禍引起肢體損傷，當他得知自己可能面臨截肢，心情變得極度不安：「可能失去右腿的可怕想法一直盤踞在我腦海，讓我充滿恐懼與憤怒。」

我告訴他：「如果你一定要截肢，那就注定要截肢。不管你怎麼想，或是拒絕談論，都無法改變事情的結果。」

後來他慢慢接受整個情況：「如果我失去我的腳，將來會是怎樣？」當他知道自己將度過難關，他會裝上義肢，繼續活下去。他開始接受了，心情也平靜下來。

人生的幸福快樂，並非仰賴人生際遇的順遂，而在於是否能以豁達的心，坦然接受一切。就像勵志布道家力克．胡哲，他雖天生沒有四肢，卻可以騎

馬、衝浪、潛水、跳傘、踢足球、溜滑板，甚至打高爾夫球，樣樣皆能。他還造訪四十多國，進行超過兩千場演講，激勵數百萬人心。

網路上讀到一則故事：有個日本人，家裡世代採珠，在她赴美求學時，母親鄭重地把她叫到一旁，給她一顆珍珠，告訴她說：「當人們把沙子放進蚌的殼內時，蚌覺得非常不舒服，但是牠又無力把沙子吐出去。所以，蚌面臨兩個選擇：一個是抱怨，讓自己的日子繼續不好過；另一個是想辦法把這粒沙子同化，使它跟自己和平共處。於是蚌開始分泌體液把沙子包起來。沙子裹上的體液越多，蚌越把它當作自己，直至最後，它們相處得越來越和諧，這就產生了珍珠。」

你有什麼樣的境遇，就活在那樣的境遇。著名的舞蹈家安妮絲．迪米莉有一次為了鼓舞因為體能限制而抱怨的舞者，她說道：「你有什麼樣的身體，就用什麼樣的身體跳舞。」而我說，你有什麼樣的生命，就用什麼樣的生命過活。這就對了！

當代著名的美國神學家尼布爾所寫的祈禱文：

願上帝賜我平靜，接受我無法改變的事；
願上帝賜我勇氣，改變我能改變的事；
願上帝賜我智慧，能夠分辨兩者的差異。

認清「什麼是我可以改變的」和「什麼是我不能改變的」的區別。

今天起開始改變你能改變的，接受不能改變的。如果事情無法改變，就試著改變自己吧！

誰讓人受不了？

「我到底做錯了什麼？」眼眶泛紅的妮娜哽咽著，「我先生說他已經受夠了，還說他要離婚，說他再也無法忍受我的吹毛求疵。我喜歡家裡乾乾淨淨，井然有序，而他卻總是亂糟糟，我當然受不了？為什麼家裡除了我之外，似乎沒有人關心房子是否給人整齊清潔的感覺。這有什麼不對嗎？」

一個人在生活上有所偏愛這並沒有錯，有所喜好是可以的，但執著是不可以的。當我說有所喜好是可以的，我的意思是說你可以比較喜歡什麼，你可以選擇自己喜愛的，但是不要強求，否則就成了執著。

譬如說你有個偏好：桌子必須保持乾淨，鞋子要擺放整齊。因為這偏好，你把桌面打掃得一塵不染，鞋子擺列整齊，這當然沒有錯。不過當你變成強求的時候，這個家庭的生活就被你的偏好所支配。原本柔順、友善的你，可能變成一個很容易發脾氣的人。當桌面一有髒亂就會令你受不了；因為小孩

沒把他的鞋子擺放整齊，你就對他大吼大叫；你的先生或太太沒把東西及時歸位，就招來你的一頓罵。一個乾淨整齊的房子竟比家庭的和諧更重要，這就太執著了。

以前我很受不了孩子邊聽音樂邊讀書，特別是有時聲音還開得很大，「這樣怎麼專心呢？」我曾多次對他們說教、嘮叨。

有天孩子開誠布公告訴我：「我喜歡聽音樂，它並沒有像干擾你一樣干擾我。」我細想才驚覺，是因為我自己偏好安靜，讀書怕有嘈雜干擾，

那是我的問題，而孩子並沒有這問題。我終於明白：其實，真正干擾孩子的人是我。

約翰喜歡看體育臺；瑪麗偏好看美食節目。她喜歡規律，週末才外出用餐購物；他喜歡隨緣，興起時就出門。她慢條斯理；他做事很急躁。她喜歡從中間擠牙膏；他喜歡從尾巴擠起。度假她都愛去相同的地方；他則愛變化，想去新地方做不同的探險。

人各有偏好都不是問題，問題就在有人太執著自己的偏好才讓人受不了。所以，當你受不了某人，別忘了提醒自己：「會不會我才是讓人受不了的人？」

你有某個問題，你為某事困擾，但別人卻沒有這個問題和困擾。誰有問題？

你因受不了某人或某事而抱怨連連，別人卻覺得沒什麼大不了。誰讓人受不了？

是你，對嗎？

放下，問題不再是問題

我們不斷在解決問題，卻發現問題總是接二連三地出現。烏克蘭危機尚未解決，伊敘境內「伊斯蘭國」又有麻煩；或者你感冒了，接著你感覺好一些，但是你孩子又生病，接著又好一些，房子水管卻又阻塞；而當你家裡沒問題，工作又有狀況。世間不就是這樣嗎？

沒有半點居心，但誤會就是會出現。該做的都做了，但是事情還是發生。各種衝突、對立、磨擦和問題，從未真正消失過。

有一個阿婆，八十多歲，有天告訴孫女：「最近我想通了，我不想再為子孫憂心操勞了！我憂心了大半輩子，結果該發生的還是發生，不好過的日子，終究也會過去；晚年，我要努力讓自己活得快樂。」

這位阿婆用了一生的生命經驗，最後猛然領悟，自己已經煩惱一輩子了，要再如此繼續下去嗎？對生命有了深刻的省思後，阿婆開始了新的生活。

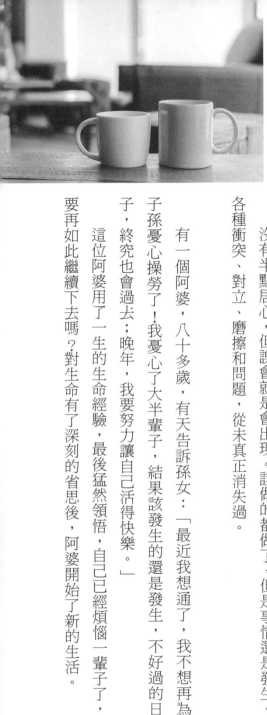

智慧開啟在於你已經明瞭，煩惱是無盡的——你不想要有煩惱，其實是「自尋煩惱」，因為那是不可能的。

有許多人，不約而同地問了佛祖一樣的問題：「我該怎麼做，才能不再煩憂？」

佛祖給的答案都相同：「只要放下，你就能不再煩惱。」放下難，是因為我們將問題看得太「重」了。人生的一切問題，歸根到底就是在生活中沒有學會放下，使身心背負著沉重的包袱，因而生活也變得越來越累，越活越辛苦。

那難道說我們要放任問題不管？不，放下問題，並不是放任不管。而是當我們願意放下。頓時間，每一件事情即變得不同。當問題「不再是問題」，問題也就消失不見，不是嗎？

想想看，當你是一個小孩，有不同類型的問題，等你長大以後，問題就

消失了。這些問題到哪裡去了？你並沒有去解決它們，它們只是消失了。你甚至想不起來小時候遇到什麼問題。

等你年紀再大一點，又有不同的問題；然後當你老了的時候，這些問題又不見了。並不是你把問題解決了，只是隨著日子一天天過去，問題被放下了。你老的時候，會笑自己以前曾有過那些問題，當時你傷心、難過、痛不欲生，而今呢？

問題已不再是問題。

你原本就是快樂的，煩惱是後來才有的。智慧，就是回到沒有煩惱以前的那顆心。

「放下」，不是「不管事、不用心、不行動」；而是「不憂愁、不焦慮、不煩惱」。

「放下」與「放棄」是不一樣的。放下，是一種心態上的昇華；放棄，則是放棄自己與希望。放下，放下可以讓人輕鬆自在。放棄則是讓自己陷入痛苦沮喪。

人生有太多包袱，我們可以將它一一扛在肩上，也能選擇瀟灑地放下。想想，既然擔憂煩惱無濟於事，何不放下？

你排斥就干擾，靜下來就消失

你靜靜坐在那裡，從很遠的地方傳來狗吠聲。這狗吠原本無傷大雅，但是如果你非常排斥。「這狗為什麼叫個不停？」你心想：「牠的主人為什麼不把牠關起來？」你越排斥，狗吠聲就愈打擾你。

你討厭某人，每次想起他都讓你悶悶不樂。於是你告訴自己：「我不要再去想了！我要把他忘記！」然而你越想忘記，就愈忘不掉。

有人找你麻煩，你不理會就好，但如果你對抗，就沒完沒了。我們都可以了解，只要有對抗，就會有衝突，就會有對立，而衝突和對立，又會引發憤怒、怨懟、攻擊、暴力，對嗎？

有件事大家必須了解，那就是，不管你排斥的是什麼，你所抗拒的，只會更加干擾你。相反的，只要讓自己沉靜下來，什麼都會消失。

你可能遭逢挫敗之後更努力，但卻變得更挫敗；可能希望事情變得不一樣，希望某人有所改變，但情況卻愈變愈糟；就像一杯水，我們努力想讓它變清澈，結果卻愈變愈混濁。

是否靜下心想，究竟是誰一直晃動這杯無法清澈的水呢？

美國知名的演說家艾倫．克萊恩說，他主持一次冬季七天禪修時體會這個道理。那一次參加人數有一百五十人，他們被安排在一所只有一個房間的鄉下民宅裡，室內氣溫很熱，但是靠近門窗而坐的人卻不時抱怨說好冷，坐在房間中央的人卻說好熱。一開始他不斷調高或調低溫度，要不就打開或關上窗戶，結果不論他怎麼做，都無法討好每一個人。最後他決定將溫度器設在一個固定溫度上，讓參加禪修的人自己照顧自己。

參加者成天坐立難安，不是去打開窗戶就是去關上。後來整個情況很有意思地得到解決。有位仁兄推開窗戶的力道過猛，結果窗子掉進底下的小溪

裡。自此之後，房子裡面過冷或過熱的問題就沒有人再提起過了。

你嘗試過很多次要改變周遭的人、事、物，結果卻更糟。現在試試看：把你的心沉靜下來，不要改變任何事——如果天氣太熱，風太大，附近狗吠很吵，你的伴侶有很多毛病，你的主管愛吹毛求疵，親戚很愛計較，同事愛說閒話……就照它本來的樣子接受它。

世界本來就沒有所謂的煩惱，你只要接受，讓人事物按照它本來的樣子存在，如果你排斥或加以干涉，你將陷入困擾和痛苦，這就成了你的煩惱。

總有一天你將會覺悟，並非事實在跟你作對，而是你沒跟事實妥協。一旦你不再抗拒，你的心自然會平靜下來。

你不需費力爭執，只要靜下來，正確的言語就會產生。

你不需費心找理由為自己辯護，只要沉靜下來，你的舉止就是最好的說明。

你不需努力改變什麼，一旦你願意接受事物現在的樣子，而非你希望的樣子，所有的問題都會消失不見。

對無法控制的事，少管一點

每次上課時我總喜歡問學生：「有多少人寧願耗費時間和精力，企圖改變身邊的人，或是掌控事情，改變你不喜歡的東西——把事情變成你想要的樣子。」幾乎每一個人，不約而同把手舉起來。

但當我問道：「有多少事被改變了？」很快的，舉起的手又不約而同放下。

你能掌控天氣嗎？你能管控交通嗎？你能控制別人嗎？你的

婚姻、小孩、健康，都是你能決定，按你的期待發生的嗎？在工作上你可以決定晉升嗎？在投資上你可以保證獲利嗎？你對一個人好，他就會對你好嗎？你能讓世界保持靜止不動，好讓另一個海嘯不會發生嗎？不，我們無法掌控自己無法掌控的事。

連林肯總統都承認，「我無法掌控情況，情況掌控著我。我只能盡力。」睿智的林肯總統曾當過農夫，他深深了解，即使做了萬全準備，包括鬆土、播種、施肥、細心照顧農作物，豐收與否也非他能掌握。

有一位先生一直煩惱著家人的事情。為此，他去見了一位據稱精通人生的老人。這位先生向老人提問：「我一直希望太太的個性能大而化之。但是她的個性卻很神經質，總是疑神疑鬼。該怎麼做才能讓我太太改變呢？」

他又接著發問：「我兒子不但討厭讀書，個性又叛逆，讓我傷透腦筋。我該怎麼做，才能讓他符合我的期待呢？」

老人聽完後，反問這位先生：「我也有一個煩惱，希望你給我建議。從

明天開始，我希望能夠接連三天放晴。該怎麼做才能讓明天開始的三天都是晴天呢？」

這位先生答說：「這種事情再怎麼煩也沒有辦法解決。天氣又不是人可以控制的。」

老人於是說：「沒有錯。你的太太和兒子都跟天氣一樣，不是你能夠隨心所欲掌控的。太太不會變得與丈夫期望的一模一樣，孩子也不會完全照著父母設想的樣子。煩惱如何才能讓他人順著自己的意思去做，就像是煩惱如何讓天氣照著自己所想的改變，兩者都是同樣的愚蠢。」

這位先生終於察覺自己的愚蠢：「我試圖想去控制自己無法掌控的事情，真是自

尋煩惱。」

人會痛苦，是將快樂建築在超出自己控制範圍的事物上。如果你會干涉別人，你經常干涉你的妻子、先生、兄弟、朋友、孩子，必定經常挫敗、憤怒，無力感，對嗎？

建議大家，下回當你因某人或某事不快樂時，不妨問自己：「這是我能掌控的事嗎？」只需這一個簡單的問題，你就能釐清一切問題，把你的心拉回自己身上。

我們可以從這位計程車司機身上學到這道理，他的朋友每天在路上來回開十五公里的路上下班。

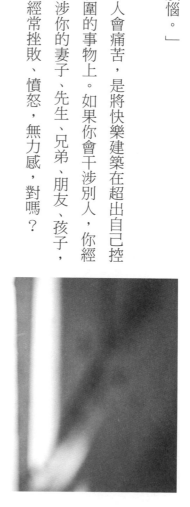

「你是怎麼辦到的？」他問：「我試過，可是在這種交通狀況下，我實在忍不住要破口大罵。那些人老是隨便切進來，任意變換車道；有些頻踩煞車、龜速前進，沒有人聽到我叫罵。如果我像你一樣整天開車，我一定會瘋掉。」

那位司機回答說：「你的問題在於，你老是想駕馭你周圍的每一輛車。而我讓自己放鬆下來，只開一部車，我自己的。」

沒錯，我們最需要控制的，就是我們的控制欲。想要快樂多一點，對你無法控制的事，少管一點。

這世界上的事可以分成兩種，一種是我們能掌控，一種是不能掌控的。

什麼是我們不能掌控的？

如天氣的變化、股票的起落、生老病死等，這都不是我們能掌控。

另一種是別人的責任，別人要怎麼想、怎麼說、怎麼做也不是我們能掌控的。

我們能控制什麼？我們能控制的就是自己。包括我們的想法、態度，以及對事情的反應。

CHAPTER 2

你要的祝福，藏在你不要的改變裡

不要對人生起起落落太在意

時有春夏秋冬，月有陰晴圓缺，人有悲歡離合以及生老病死，天地有風災、水災、地震，我們所喜歡和珍愛的人事物終究會變化且離我們而去，這就是「諸行無常」的真相。

無常隨時隨地都在發生，只是有沒有發生在我們身上而已！就像你在讀書的這一刻，有人正在熱戀，有人剛剛失戀；這一刻，有人快要死亡，有人剛剛出生；這一刻，有人正在歡欣大笑，也有人正在沮喪難過……。人會痛苦，都是因為不肯接受真相，因為我們希望某些事情發生，而某些事情又不要發生。正因為如此，心情總跟著起起落落。

我永遠記得那次和同事一起討論事情，他接到一通主管打來的電話，主管通知他的論文沒通過，連申請研究補助也被退回。令人驚訝的是，他似乎完全不受影響，掛上電話後，接著就繼續與我討論。

在我確定他了解問題的嚴重性之後，我問他怎麼能保持如此鎮定冷靜？他告訴我，很久以前他學到最重要的生活課題，就是最終一切事情會改變。「唯一的差別，是在什麼時候？」他說，「以他的情況來說，就是現在。」

是啊！最終一切事情會改變。人生的旅途本來就是有起有落，潮來潮去。沒有永遠的春天，也沒有永遠的冬天，不要企圖停留在某個處境裡。秋天既已來到，夏天自然無容身之處。抗拒真相，就像是在對秋天的枯樹說：「不，樹葉不該枯掉，我要你長出綠色的葉子。」與事實對抗，只會帶來痛苦。如果你沒看破這一點，你將繼續受苦；如果你看破這一點，你就走向覺悟。

愛爾蘭劇作家蕭伯納是個明白人，他說：「我知道我活得夠久，這件事總會發生。」

幸福會來，不幸也會來，沒有任何你認為不好的事情是不應該存在的，同樣的，這些壞事也不可能一直存在。看看花開花落，或許感傷，但我們知道不久花兒一樣會開、會落，不是嗎？

一個覺悟的人，就是懂得隨遇而安。因為無常，便知道苦不會是永遠的苦，樂也不會是永遠的樂，都只是暫時的現象。就因為短暫，平常就該珍惜，而當無常到來也能以平常看待。

好日子不會天天有，壞日子也不會天天來。
人生有得有失，境遇有好有壞，所有狀況都是暫時的，沒有一件事會永遠不變。生命的遭遇猶如水中的浮草、木葉、花瓣，終究會在時間的河流中飄到遠方。
困境不會是永久的，這次的難關也終將過去。

天底下沒有確定的事

你有沒有注意到，有時事情會在不知不覺中改變。前一分鐘清楚，下一分鐘卻茫然。有時你想刻意避免的事，卻偏偏發生；原以為是災難卻因禍得福，沒有人知道下一刻會發生什麼。

《美麗境界》編劇艾基瓦．高茲曼說：「天底下沒有確定的事，這是我唯一肯定的事。」

有人生了病、丟了工作、考試落榜、愛人跑了，這些都是壞事，但它們真的是壞事嗎？不，那只是眼前。

有人升了官、中獎發財、嫁入豪門、買了豪宅，看來都是好事，但它們真的是好事嗎？不，那要看以後。

很多現在讓你痛苦難過的人事物，過去也曾讓你熱烈渴望不已；而現在讓你喜愛的人事物，也許未來會讓你痛苦不已。

你真的知道什麼是福、什麼是禍嗎？你真的能綜觀全局嗎？所以，不要做判斷，也不要定論，因為你不知道事情為何要發生，也不知道它會帶來什麼樣結果，對嗎？

從前有個農夫，原本已經被判處死刑，但他卻向國王保證能在一年內教國王的馬學會飛行，因此獲得緩刑。雖然大臣們議論紛紛，認為國王遭到愚弄，國王卻不為所動。

和農夫同監的囚犯問這個農

夫說：「你怎麼能實踐你的諾言？」

農夫說：「在這一年內，或許國王會死，或許這匹馬會死。誰知道在這一年之中會發生什麼事？也許馬真的能學會飛行也未可知。」

在你人生道路的某一處，你的生命似乎走進了冬天，周遭寒冷晦暗，這讓你覺得：完了，一切都沒望了。沒想到冬天到了盡頭，春天緊跟著來。誰想到乾枯的枝椏還能轉綠，並綻放花朵？

對於人生的不確定，我們無能為力；但如果什麼都確定，必定很無趣。

培根說：「一切幸福，並非都沒有煩惱；一切逆境，也絕非都沒有希望。」

因為所有事情都是不確定的，生命才有著無數個可能性，才讓世界上有了奇蹟，才讓我們懷抱著希望，不是嗎？

人生沒有如果

在人生道路上，我們常有這種感嘆：如果當初自己沒做那件事，該有多好；或者，如果那時我可以如何如何就好了。

我聽過許許多多人不斷在說：如果當時我換個工作；如果我買那支股票；如果當年跟某人結婚；如果從前我好好讀書的話；如果當初……。事實上，你根本不可能回到當初，就算真的回到，你也會做相同的決定。因為你還是當初的你，那時你還沒有經歷現在的一切，不是嗎？

我在當導師的時候，有位學生曾

向我抱怨，他說：「如果我不是現在的父母所生，而是生在不同的家庭，我的命運絕不是那樣。」

我告訴他：「如果你不是現在的父母所生，不是生在這個家庭，你的命運當然不同，你將不是『現在的你』。然而假使你不是現在的你，你又怎麼能以『我的命運』來說呢？因為那個人已經不是你了。」

有個成功的企業家，某天陪他的父親到一家高級餐廳用餐，現場有一位琴藝不凡的小提琴手，正在為大家演奏。

這位企業家在聆賞之餘，想起當年自己也曾學過琴，而且幾乎為之瘋狂。便對他父親說：「如果我從前好好學琴的話，現在也許就會在這裡演奏了。」

「是呀，孩子。」他的父親回答：「不過那樣的話，你現在就不會坐在這裡用餐了。」

人生道路不一樣，景色當然不同。不管遇到什麼情況，都要記住：你做的每一個決定都各有利弊。不管是要當藝術家還是企業家；要剪短還是留長髮；要把孩子生下來還是不生；要離開還是繼續原本的生活。每個選擇都有

得有失。即使錯的路上也有值得一看的風景，只要這樣想，心也就釋懷了。

我認識一位朋友，他原本擔任行銷企劃，因為羨慕詩人、畫家那種自在的生活，毅然辭職，從事藝術工作，靠售賣個人的創作勉強為生。有次我問他：「你會擔心生計？」「會呀，當然會，但這是我的選擇，」他說：「為了自由和理想，我願意付出這個代價。」

人生沒有如果，只有後果和結果。你可以回頭想，但是你永遠只是現在的你。記住，泰戈爾的話：「如果錯過了太陽時你流淚，那麼你也將錯過群星。」不要懊惱一些已經過去的往事或木已成舟的定局。要專注在你能改變的事情上。

過去已然過去，別活在那裡，你每想一遍就走回頭路一次，
再想一遍又走一次，這樣怎麼能看到未來？

英國大文豪莎士比亞的名言：「一直悔恨已逝去的不幸，只會招致更多的不幸」。試想，如果你開車卻不斷地看後照鏡，這樣能看清前面的路嗎？

去做你渴望的事

會怕是正常的，世上誰能無懼？但儘管如此，你依然去做，這即是勇氣。

人生需要很大的勇氣，因為我們越是害怕的事，越去逃避，人生也將錯過越多機會；越是嚮往和在意的事情，往往因裹足不前而抱憾終身。

所以，不管你渴望什麼，還是準備正要挑戰什麼，千萬不要停下腳步，不要因恐懼而停留。

聽聽以下這段少年與老人的對話。

少年：「我喜歡上了一個女孩。我想打電話約她出來，卻又怕被拒絕。如果被拒絕了，該怎麼辦呢？」

老人：「如果不想被拒絕，不要約不就得了。連做都沒做，又怎會被拒絕呢？不過，如果想約她，免不了會有被拒絕的風險吧！」

少年：「這點我也明白。我知道做什麼事都會有失敗的可能。不過，我

緊張得心臟快從嘴巴跳出來了。要怎麼做才能鎮定下來呢？」

老人：「想要讓心情鎮定，就不要打電話。對那個女孩死了心，馬上就不會緊張。」

少年：「拜託別說得那麼輕鬆。我沒想過放棄。只不過，我希望能解決緊張的問題。」

老人：「約那個女孩出來跟不要緊張，哪個比較重要？」

少年：「這個嘛……約她出來比較重要。」

老人：「那麼，你可以用緊張的心情約她啊！就用你發抖的手去打電話，然後用走調的聲音約她出來。」

少年：「對耶，我怎麼就沒想到？手發抖應該也可以打電話；不管聲音正不正常，應該也還是可以約她嘛！」

老人：「年輕真是好啊！哈哈哈。」

去行動吧！雖然我們心裡有畏懼，但一旦你做了，就會發現其實沒想像中那麼可怕。

美國第二十六任總統羅斯福曾說過：「很多事我起初都很害怕，可是我假裝不害怕去做，慢慢地，我真的不害怕了。」

你也可以用這種克服恐懼的妙方。只要你表現得好像勇氣十足，你便會開始覺得勇敢起來；若這樣持續得夠久，佯裝就變成了真實，在不知不覺中，成為真正不懼的勇者。

你該害怕的，不是你所害怕的事物，而是任由「害怕」這件事讓你裹足不前，這才是最可怕的。

除非你去嘗試，否則你永遠不會知道。如果你不敢面對，就得一生一世躲著它。

相信一切都會有最好的安排

如果我們相信生命自有安排，就能培養一種接受和信任的態度。接受屬於我們的現實，信任上蒼自有其美意。這就是所謂的信心。

信心不是迷信，而是相信那股轉動宇宙的力量，是覺察到那股善的力量，明白它不斷在每個領域運作著。我們若企圖操控這股力量，最後只會造成妨礙。就像企圖逆流而上，與河流對抗的人，早晚會精疲力盡，因為這麼做是在干涉自然。

有三隻毛毛蟲，從很遠的地方爬來。牠們準備渡河，到一個開滿鮮花的地方去。

一個說，我們必須先找到橋，然後從橋上爬過去，只有這樣，我們才能搶在別人的前頭，占有含蜜最多的花朵。

一個說，在這荒郊野外，哪裡有橋？我們還是各自造一條船，從水上漂

過去，只有這樣，我們才能儘快到達對岸。

一個說，我們走了那麼多的路，已經疲憊不堪了，現在應該靜下來休息兩天。

另外兩個很詫異。休息？簡直是笑話！沒看到對岸花叢中的蜜都快被人喝光了嗎？我們一路急急忙忙，馬不停蹄，難道是來這兒睡覺的？

說完，這隻毛毛蟲就爬上最高的一棵樹，找了片葉子躺下來。河裡的流水聲如音樂一般動聽，樹葉在微風吹拂下如嬰兒的搖籃，很快牠就睡著了。

不知過了多久，也不知自己在睡夢中到底做了些什麼。一覺醒來，這隻毛毛蟲發現自己變成了一隻蝴蝶。翅膀是那樣地美麗輕盈，僅僅揮動了幾下，就飛過了河。

此時，這裡的花朵開得正豔，花苞裡都是香甜的蜜。牠很想找到兩個夥伴，可是飛遍所有的花叢都沒找到，因為牠的夥伴一個累死在路上，另一個被河水沖走了。

你可能會對進展緩慢感到不耐，對自己停滯不前覺得慌張，或者對未來茫然感到不安。生命在你還看不出變化的時候，其實已緩緩地改變，悄悄地成長。

古代禪師齊內林（Zenerin）說：「靜靜地坐著，什麼都不做，當春天來臨，草木就自然生長。」

當需要的條件俱足，當時機已經成熟，每一件事都按照它所應該的情況安排，當我們不再試圖干涉，一切都會有最好的安排。

信心，就是放心的意思。相信上天的安排正在我生命中發生。
如果崎嶇不平，就相信這樣的道路。
如果走走停停，就相信這樣的暫停。
如果事與願違，就相信這樣的安排。
只要把心放下，把自己交託給上天。

每個逆境都包含一份禮物

有一個很好動的小男孩跌倒摔斷了腿。醫生說，到春天他就可以活蹦亂跳，但他必須先在床上躺一整個月，而且不可以亂動他的腿。起初，小男孩抗拒醫生的命令，可是他發現，他越是去想那些他不能做的事，他就越覺得疲勞、憤怒。

父母在他的床邊放了一臺電話，他的朋友每天打電話來。從前他並不喜歡講電話，可是當他的朋友打電話來，他就覺得心情好一點。他開始寫信，而且也得到回信，他很驚訝地發現，寫信竟然那麼有趣。從前，他根本沒有時間寫信。

他開始學會下棋，也開始喜歡讀書。他變得比從前平靜得多。當春天來臨的時候，他又開始跑跑跳跳，而且比從前快樂。

回想生命某個困境，儘管它那麼糟糕，但現在回顧一下，你是否能從中

看見或發現什麼美好。也許它讓你交到新朋友、得到工作、獲得提升或全新的開始。

我認識一個病人，她發現先生外遇，當她描述頸椎受傷後的改變，她告訴我：「如果我頸椎沒有受傷，我一定還繼續跟他們纏鬥。受傷讓我有機會靜下來思考婚姻留存的意義。」

「嗯！」我點頭贊同。

「老實說，」她有感而發地說：「我對自己原來的生活感到非常不快樂，但我不想面對我害怕改變的恐懼感。結果發生這件事也好，如果不是這樣，也許我還一直陷在那裡。」

毛毛蟲以為的絕境，其實是蝴蝶美麗的開始。生命永遠朝著越來越美好的方向在發展。如果你沒有這種體會，那就意味著你一直在抗

拒這個過程。

如果我們將焦點放在失望或所受的傷害上，那麼就只會感受傷痛。擺脫這種情況的方法是，不要問一些沒建設性的問題——「為什麼是我？為什麼我會遇到這種事？」

相反的，要問自己：「這要讓我學習什麼樣的人生功課？其中的生命禮物是什麼？」提這個問題時，你的注意力就會放在積極正面的事物，你就會發現，在每個逆境都包含一個轉機、一個嶄新的開始，以及重生的機會。如同人們說的：「當上帝關上一扇窗，祂也會開啟一道門。」

如果毛毛蟲不知道破繭而出會變成為蝴蝶，那麼所有的過程遂成了痛苦的掙扎。我們不也是這樣，總是不斷地掙扎、埋怨，逃避面對，所以才會受無謂的苦。

你走到窮途末路了嗎？記住，那不是絕路，而是一條嶄新的道路。

CHAPTER

3

最親密的關係，是你和你念頭之間的關係

去愛不完美的自己

愛最大的問題，就是每個人都在尋找愛，但大家最欠缺的就是愛。

所有的愛只能從自己開始，要了解，你只能從與自己的相處方式去和他人相處，一個責怪、批判自己的人，那麼他也一定會挑剔，譴責身邊的人；對自己很嚴苛，要求完美的人，注定對別人也是如此。

無論你遇到什麼人，要牢記住這基本的法則。你如何看別人，就會如何看自己。你如何待他人，你就會如何待自己。

有一則寓言「仙人掌和刺蝟」。

仙人掌痛苦地哭著說：「為什麼，沒有鳥兒喜歡我？」

鳥兒回答：「因為你有刺。」

刺蝟痛苦地說：「為什麼，沒有人擁抱我？」

小白兔回答：「我很想擁抱你，可是我怕你傷害我。」

沒有人喜歡擁抱刺蝟，因為牠身上長滿刺。

所以花朵有很多朋友，仙人掌沒有。

所以樹有很多朋友，刺蝟沒有。

我們都聽過這樣的話：「不愛自己的人，無法去愛別人。」你都不愛自己了，又怎麼可能去愛別人？你都封閉起自己，如何接受別人？

一個人要變得慈悲，首先必須對自己慈悲。想得到愛，自己就必須先有愛。接納他人的歷程在本質上即是一種自我接納的過程。

如果一個人可以如實地接受自己本來的樣子，那麼，在接受的當中，所有恐懼、焦慮、痛苦、絕望都會消失。突然間，慈悲就會出現，愛就會出現。如同作家羅勃・克拉克說的：「只有去愛不完美的自己，我們才有能力去愛有缺點的他人。」

當你放掉總是批判自己的需要，你會注意到你不再那麼常批評別人。當你允許別人做他們自己，他們的小習慣不再那麼干擾你。當別人負面言行出現，你就會寬容，並放下貶損他人的論斷和怨恨的心。當你與自己的內戰和解，你就會開始和他人和解。

你不必刻意尋找愛，只要讓自己成為愛，你將得到所有的愛。

許多人對「愛自己」缺乏真正的了解，愛自己不是放縱自己，更不是自私自利，愛自己是接納自己。「你能接受自己的程度」，就相當於「你能接受他人的程度」。當你能如實地接受他人，允許他人成為他自己，愛他人，你就能如實地接納自己本來的樣子，愛自己。

關係不可能完美，因為你不完美

當我們孤單一個人時，許多人以為只要擁有一段關係，所有問題就會煙消雲散。然而，當關係繼續發展下去，反而帶出更多的問題，「為什麼？」當你說自己的關係有問題時，不是你的關係有問題，而是你的內在有問題，這點首先必須了解，關係只是一面鏡子，我們從中照見的是自己。

一般而言，那些你喜歡的人，實際上是反映你希望自己內在擁有的特質；而你討厭的人，也反映你不喜歡且不接受內在的自我。

比如，你不喜歡懶散的人，也反映你不喜歡懶散的自己；你討厭懦弱的人，也反映你討厭懦弱的自己，因此當有人把它表現出來，你就會覺得排斥。任何你在內在不喜歡的，你就會批判；當你看到它在別人身上，你就會譴責。

透過別人，你可以了解到你的恐懼、你的懦弱、你的嫉妒、你的貪欲、你的善惡、你的愛恨以及你內在的真相。

你可能被人惹惱了，就遷怒對方，或者為了保護自己，進行反擊。你可能會覺得是對方的問題，因為他讓你厭惡、生氣、痛苦，事實上，問題來自何人不重要，重要的是對方只是一面鏡子。

關係越親密，那個反映就越清楚。如果你是愛的，鏡子就反映出愛；如果你是恨的，鏡子就反映出恨；當你說：「我真是受不了你！」也許對方也受不了你；當你說他老是這樣，很可能你自己也老是那樣。伴侶們吵個不停，原因就在這裡。

我們之所以怕被批評，是因為批評使我們面對自己。就好像有人拿著鏡子在你面前，你急著把鏡子移開，甚至想把它打破。這樣能改善關係嗎？不，當你排斥、抱怨、憤怒，只會讓彼此更加厭惡。

相反地，透過善意、接納、感恩或任何美好的感受給對方，這份美好將反映到你身上。

你可以藉由關係狀態，判斷出你一直在給對方什麼。如果你目前關係很美

好，代表你付出了美好；假如你目前的關係有很多問題，代表你也有很多問題。

所以，要改善的不是關係，而是自己。

「你給別人的，都會回到自己身上。」日前，在電臺聽到一個節目，一位老師談到「夫妻相處之道」，覺得頗值得大家借鏡，他說：

一個接納丈夫的妻子，不但給了丈夫自信，而且還使丈夫表現出個性的優點，因為得到妻子接納的丈夫，就會喜歡自己，一個喜歡自己的人，就會跟別人相處融洽，也會變得體貼細心。

相反地，一直罵丈夫的妻子，所得到的結果將跟她所希望的完全相反，因為她的責罵使丈夫討厭自己，自尊心降低，感到焦慮不安，於是開始找出妻子的缺點來反駁，這樣惡性循環會引起嚴重的後果。同樣的道理也適用在丈夫對妻子身上。

關係不能解決問題，只能帶出我們原本的問題。讓我們痛苦的，不是生命缺了另一個人，而是即使那個人在身邊，我們的所作所為也會讓自己痛苦，明白了嗎？

你與每個人的關係，都反映出你與自己的關係。每當你想要改善關係，只有一個地方需要檢視——你的內在。這就對了！

關係不可能完美，因為你不完美。你必須對自己滿意，才可能對別人滿意，而不是找一個人來彌補自己所沒有的。

所有外在發生的，都在自己的內在

我們所感覺的世界是由我們的心所創造出來的，不管你一早醒來的心情鬱悶，使你認為整個世界都是黑暗而陰沉；或者一早起來的心情開朗，覺得世界光明且美好，會產生這些差異的不是外在環境，而是我們的內心。

當我們快樂，花在笑，雲在跳舞，噪音是悅耳的；當我們不快樂，風在哭，海在哀號，音樂變得擾人，甚至路人也會使我們氣惱。我們看到的外在世界，其實是自己內心想法和感受的落實。

曾有學生抱怨：「教室太吵我讀不下書。」我問他：「你有過置身人群卻仍感到寂寞的經驗嗎？如果你有過這經驗，為什麼不帶到教室裡？」當我們自覺孤獨時，在人群中也孤獨。當我們內心平靜，在人群中也能平靜，若是心浮氣躁，不管到哪裡必定一片紛擾。

每一種人生經驗都是在你內在製造出來的。它可以是平靜，或紛擾的；

也可以是最美好，或最悲慘的。

相傳偉大的畫家達文西在畫「最後的晚餐」，曾於米蘭大教堂找來一個年輕瀟灑的唱詩班男子，他有一對明亮的眼睛和一副溫柔善良的面孔，達文西以他為畫耶穌像的模特兒。

多年後，達文西需要一位模特兒來畫猶大，也就是出賣了耶穌的那位門徒。他走遍了大街小巷，尋找最適合的模特兒人選。最後，他找到了一位看起來夠陰暗、邪惡的人來扮猶大。他先上前和那位男子攀談，想請他來當模

特兒。那男子對達文西說：「你大概不記得我了，但是我記得你。我就是很多年前，你那幅耶穌畫像裡的模特兒呀！」

這世界並沒有變，變的是我們自己。不管你去哪裡，你都帶著自己的臉以及對生活的態度，你深藏在內心的想法，也會反映在你的生活和外在行為上。

常有人問我：「為什麼世界如此悲慘，為什麼我不快樂？」每當聽到這樣的問題，我就會為發問的人感到難過，這樣簡單的事情，為什麼他們不明白？問題根源是自己的心。

你對生活不滿，你可曾想過你不滿的是生活，還是你自己？因為就在你的周圍，也有人過得很歡喜滿足，對嗎？

在我開車出門的路上，都會經過綠園道。週末清晨，我經過園道時，剛好有一群人手裡提著鳥籠過馬路。我停下車，搖下車窗，欣賞著一隻隻迷人的綠色小鳥，牠們的羽毛在晨曦中熠熠生輝，還發出清脆悅耳的叫聲。我為

自己的好運感到慶幸。

在旁邊車道，另外一輛車停了下來。車上的駕駛對這一列漫步的路人似乎並不是很高興。他非常急躁，車子蓄勢往前。就在隊伍穿過馬路時，他就立刻踩下油門呼嘯而去了。

我在想，真是有趣，我們兩個人都碰到了相同的情況，反應卻完全不同。可見，感受不是來自外境，而是來自我們心境。

我們應該養成自我觀察的習慣，隨時監測自己的內心。

經常問自己：「我此刻心情

平靜嗎？」或問：「此刻我的內在發生了什麼？」在問自己這些問題之後，別急著馬上回答。首先關注你的內在，你內心正在想什麼？你有什麼感覺？

當你看出自己內心的狀態，就會明白世界在你的心中。「所有外在發生的，都在自己的內在」。當你轉變了，整個世界也跟著轉變。

愛默生說：「我們也許會到全世界去尋找快樂，但是除非我們把快樂帶到身上，否則我們是找不到它的。」

不要抱怨環境，不論什麼環境都有人過得好，也有人過得壞。周遭的環境並非決定你心情好壞的因素，決定的關鍵是在你的心境，因為每個人都被同樣的環境所圍繞，不是嗎？

只要一念轉

有兩個人分別在尖峰時間陷入堵塞的車陣中。其中一個人懊惱自己被困住了，他心裡想：真倒楣，我要想辦法逃離，這是什麼爛交通？他所感覺到的是焦慮、生氣和沮喪。

另外一個人，覺得既然碰到這種情況，就當作老天給他一個休息的機會，他心裡想：我可以聽聽音樂，或做點腹式呼吸放輕鬆心情。他所感覺到的是平靜、放鬆和安適。在這兩個案例中，他們所碰到的境遇相同，只是想法不同，情緒反應也隨之改變。這也可以應用在其他每一件事情上。

轉念難嗎？不難，舉個例子：你在一個老婦人後面開車。她開得很慢，而且顯得很遲疑。你愈來愈氣憤難耐。

現在請想像那個老婦人，就是你的母親或祖母。你的感覺是不是完全不同？

曾讀過一則故事：

有位父親經過一天辛苦工作，好不容易通過尖峰時間，驅車回家竟發現，通往車庫的車道被孩子的腳踏車和玩具堵住，這讓他很惱火。幾乎每天他都必須下車，清出一條通道來。他會訓誡孩子不要將玩具堵在車道上，但效果不大。他甚至威脅要輾過他們的玩具。孩子們在開始的一、二天，會保持車道的乾淨，但是老習慣很快又開始了。他感到心煩氣躁。

一天傍晚，這父親返家時發現，車道又到處散置著玩具。他很生氣地下車，開始清車道，每拾起一個玩具，他的憤怒就加深一次。

起初，他並未注意到鄰居一位退休的老先生經過，還幫他清理身旁的玩具。這位鄰居的小女兒在一個星期前出閣，並搬到其他州去。當他發現鄰居加入自己的清除行列時，他向老先生抱怨：「我已經厭倦幫這些小鬼頭收拾玩具了。」

「希望你不會介意我幫忙，」這位鄰居說道：「因為我兒女已經長大，

離開我了。我真的很懷念幫他們撿玩具的時光。你應該趁這一切都還在的時候，好好享受這樣的日子。在你明白我的心情前，你的孩子也將離你而去。時光飛逝啊！」

經過這次的事情之後，他不再為散置在車道上的玩具感到生氣，他說，「孩子畢竟還是孩子，我該好好多花時間跟他們相處。」這是他現在的想法。

你看，是不是？只要一念轉。

記得有一次，我和幾對夫妻去拜訪一位朋友，幾個小孩子想玩撲克牌。他的媽媽問他：「為什麼要玩撲克牌？」小男孩興致勃勃地回答：「因為我們想賭東西。」

我發現這個母親的臉馬上沉了下來，因為她認為賭博對孩子來說是不好的。然後，在過了一會之後，她心情突然轉一百八十度，她充滿笑容：「這主意不錯！這樣你們就可以練習數學。」

你的心永遠是自由的，全看你自己要怎麼想。

「生氣」和「消氣」，在轉念處。

「幸福」和「不幸」，在一念間。

很多時候，以為走不過去，過不下去，但念頭一轉，也許輕鬆就飛過。

有時你似乎改變不了任何事。但有時，只要轉個念頭，馬上海闊天空。

我們忘記這些都只是臆測罷了

那個人對你態度冷淡，你猜想自己是否得罪他；有人沒回你電話，你又懷疑他是故意的；當你朋友說了一句無心的話、當你不認識的人對你微笑、當你的上司沒有把一項重要的工作任務給你、當你的伴侶繃著臉……。你的心裡總不自覺的開始展開想像。猜想會生出越多猜想，懷疑又生出越多懷疑。

但你的感覺真的都不會錯嗎？其實，人的感覺都是來自自己的思想，都是自己「想出來」的，那就是為什麼我們總是懷疑東、懷疑西，卻從沒有懷疑過自己。

有一對年輕的夫妻，他們的婚姻觸礁了，彼此間不斷地相互指責。他們原本擁有一份美好的關係，但是結

婚不久，什麼都變了。

原來在他們結婚的那一天非常地忙亂，而由於隔天他們就要出國度蜜月，所以結婚典禮後，她的父母帶他們回家，忙著為女兒準備行李，招呼親友，把新婚的夫婿冷落一旁。

他覺得他們是故意，並開始對妻子家庭中每個人不經意的舉動，作更深的解讀，事後這件事雖被遺忘了，但怨恨卻已扎下了根，無意識中，他開始懷疑妻子的每個舉動，他成了愛嘮叨的丈夫，而因為他不停地挑剔指責，妻子也變得很情緒化，他懷疑她所做的一切，而她覺得他變得討人厭。雙方已變得水火不容。

如果我們深入去看，會發現自己無時無刻都在內在編寫劇本，這是心的運作方式。只要我們心裡產生一個想法，我們很容易就相信它，因為相信，我們就認定它是事實。我們忘記這些都只是自己的臆測罷了。

有幾隻烏龜一起相約去野餐，到了目的地，才發覺忘了帶鹽。做菜不能

少了鹽，經過大家討論後，牠們決定派最小的烏龜回去拿鹽，牠同意了，但是有一個條件，在牠回來之前大家都不能吃東西，大家也一致同意，於是牠便出發了。

兩天、三天、一星期、一個月過去了，牠仍然不見蹤影，最後牠們之中最老的烏龜受不了饑餓，打開了三明治餐盒。突然，最小的烏龜從後面的一棵樹跳出來，說道：「我沒告訴你嗎？在我回來之前大家都不能吃東西，我就知道你不會等我回來！現在我不想去拿鹽了。」

我們之所見，取決於我們自己在想什麼。如果你認為別人是故意的，或是認為別人不負責、不體貼你、不疼惜你、不尊重你、不了解你，背叛你……我們就一定能找到任何

事物證明這一點。

很多時候人們之所以難以了解彼此，都起因於自己認為：「我就知道」；許多怨恨難以化解，都起因於我們認為：「他是故意的」。你已然事先有了定論，你只不過是尋找更多的證據來支持自己的定論，這樣做問題當然是「無解」。

所以，與其說「看看他把我怎麼了！」還不如說「看看我的想法把自己怎麼了！」

當你認定某人很糟糕，或發覺自己對某事不高興時，最重要的是去質疑：「這是真的嗎？」你要提醒自己的想法未必可信，然後去尋找反面證據來平衡觀點。

舉例，妻子在盛怒之下可能會想：「他一向就是這麼自私，從來不顧及我的需求。」反過來，她回想丈夫是否做過任何體貼的事，於是她可能修正自己的想法：「他有時候也滿關心我的，雖然剛剛的行為使我難過。」

如果丈夫耽擱了無法回家吃晚餐，妻子認為：「我早知道他討厭回家。」現在，反過來想：「那麼晚還在忙，真是辛苦！」兩者是不是全然不同？

前一種想法只是徒增感傷，後者卻能充滿感激。

當我們開始質疑自己的想法時，便擺脫了習慣性的思考模式，才能以客觀和成熟，將自己導向一種快樂且內在安寧的生活。

當你毫無知覺地接受了那些沒有經過驗證的想法時，你就陷入執著；而質疑「這是真的嗎？」是一個契機，讓你來檢驗這些念頭的真實性。

他真沒禮貌，他真不會替人著想，他老是把我忘了……。

「這是真的嗎？」

他是故意的，他是衝著我來，他想讓我難看……。「這是真的嗎？」

不論火燒得多旺，若是不再添加燃料，火自然就會慢慢熄滅。想想看，如果沒有這些想法，你的心是不是就平靜下來了？

關係的衝突，其實是觀點的衝突

你有沒有發現，當你有「誰應該……」或「誰不應該……」的想法時，心情常不快樂？

如果你有個觀念：「丈夫應該負擔家計，太太應該洗衣做菜。」對方若不是這樣，你就會不滿；你認為：「是朋友，就應該支持你。」「做錯事的人，就應該先道歉」那麼，當朋友沒有挺你，做錯事沒先道歉，你就很難原諒，對嗎？

觀念，就是我們經年累月執著不放的想法。執著於一個想法，意味著堅信不疑地認為它是真實的。

伴侶忘了你的生日，你很傷心，「如果他愛我，就應該記得我的生日。」你說：「所以，他根本不愛我。」

太太做決定前沒先問你，你很生氣，「如果她尊重我，就不應該自作主

張。」你說：「所以，她根本不重視我。」

我們為自己建構一個牢籠，這種種的觀念就是這牢籠的柵欄。當我們太堅持，就會變得沒有彈性，自我設限，甚至不可理喻。日常的戰爭，就是這樣引爆的。愛人應該怎樣、朋友應該怎樣、夫妻應該怎樣、還有金錢應該怎樣、小孩應該怎麼教、生活應該怎樣、道理應該怎樣……。這就是我們每天面對的戰爭，不是嗎？

你在等人，本來也沒事，

但當你想到「他不應該遲到」，你的怒氣就會升起；太太常打電話來關心，朋友卻說：她「應該」信任你，「不應該」掌控你的行蹤，於是你變得不耐煩。事情做得好好的，然後你想到「他應該幫忙」、「他不應該把事情都丟給我」就會愈想愈氣。

你知道人為什麼會生氣嗎？生氣常是因為觀念不同使然，以及「以為自己總是對的」。人們發生口角，其實他們不是跟對方爭吵，他們是觀念和觀念在角力。一方認為事情「應該」這樣，另一方卻認為「不應該」那樣，雙方各自堅持，口角就發生了。「堅持我是對的」才會導致怒氣橫生。

換句話說，人與人之間每一次的衝突，都是一次觀念的衝突。你不是對那人生氣，而是對那人違背了你的觀念而生氣。

奧修說：「真正的自由是免於任何觀念的自由。」我們很多思想之所以會落入一定型態，都是因為你一生中大部分的時間都是如此。大家都習以為常，因此從來不會去質疑它。

那該怎麼辦？首先要做的是，先了解有哪些是你根深蒂固的觀念。如果不清楚，你可以在發脾氣的時候，去注意一下，你將會在那情緒背後看見觀念。

以前我很受不了做事慢半拍的人，並常為此發火。因為我認為時間寶貴，做事要有效率。後來仔細想想，其實，問題不在他們，而是在我自己。因為每個人都有自己的習慣和步調，是我的觀念，讓自己不高興。

如果你能在這些情緒生出時，把它分開來，知道哪一部分是事件，哪一部分是自己的觀念。譬如一個愛乾淨的人會看不慣邋遢的人，急性子會對慢

郎中發火等等。其實只要不再堅持自己固守的觀念，被情緒牽動的折磨會大大減少。

想要改善關係也一樣，要先了解對方的觀念，否則你不會了解他的情緒，你會搞不清楚對方為何沒頭沒腦生那麼大的氣，衝突也難改善。

當你覺得不高興的時候，問自己這個重要的問題：「這個不愉快是怎麼來的？是不是我的觀念造成的？」

當你要對某人生氣時，要記住。你氣的不是那個人，而是氣他違反了你的觀念。這時你不妨自問：「到底哪一個比較重要？是我的觀念，還是我跟那個人之間的感情？」你可以多觀察自己生氣的時候，到底什麼樣的事情觸發自己的情緒，也會更了解自己的觀念和執著是什麼。

CHAPTER

/4

痛苦，就是提醒你該放下了

思想是一切問題的根源

你曾想過誤解是怎麼發生的嗎？如果沒有思考，你要如何誤解一個人？你能嗎？如果你不去想關於我的事情，你會對我有所誤解嗎？你怎麼能夠誤解呢？

那是不可能的，你必須先有想法。狗對你吠，你不會生氣，但同樣的情形，換成其他人，換成你的老闆、親戚、朋友，當他們罵你，為什麼你就覺得受到冒犯？甚至抓狂？因為你認為對方是衝著你來。你會想：他憑什麼說你？他真是差勁的傢伙！我真受不了他！我該怎麼回擊他？別以為我好欺負！然後事情就沒完沒了。

有兩個人，他們是老朋友了，但卻把彼此打得

很慘。他們被帶上法庭，法官問：「怎麼回事？你們為什麼打架？」

其中一人對另一位說：「你說吧！」另一位卻說：「不要，你來說。」

法官說：「誰說都無所謂，只是要讓我知道怎麼回事。」但兩個人都不講話。於是，法官很嚴厲地對他們說：「快說！不然我就把你們兩個一起關進牢裡。」

於是，其中一個開口了：「這實在有點尷尬……其實呢，當時我們兩個都坐在河邊的沙地上，我朋友說他正打算買一頭牛。我說：『勸你打消這念頭吧，因為你的牛可能會跑到我的田裡踐踏作物，那我們的友誼就完了。我會宰了那頭牛。』」

「我朋友說：『你好大的膽子！我要不要買牛是我的自由。要是你敢殺我的牛，我也會燒掉你所有的作物！』」

就這樣，事情越鬧越大。最後雙方還打了起來。

法官說：「這實在太愚蠢了！你們一個連牛都沒買，一個田還空著，甚至還沒有播種——你們兩個卻都骨折了。」

記得哲學家沙特（Jean-Paul Sartre）也說過一則故事。有三個人死後墮入了地獄，他們很驚訝地獄竟然沒有刑具。後來他們才發現，原來他們就是彼此的地獄。

地獄是由我們的想法創造出來的。佛陀說：「天堂和地獄不在世界以外，就在我們自己的這個六尺之軀裡。」是的，讓你鬱悶、憤恨、沮喪的並不是某人或某事，而是你腦子裡的想法，你弄清楚這其中的差異了嗎？

憤怒、煩惱、痛苦是一種警訊，它提醒著我們，我們正在執著於內心的某個負面思想，此時就該轉念了。

就像看電視一樣，當你轉換頻道，所有的畫面就只是掠過你的眼前。你可以決定是否要留在這個頻道，如果你不喜歡這個劇情，你不需要生氣，只要轉臺就好。任何思緒被遺忘或拋開時，就表示它已經不存在你心中了。如果某事不存在你心中，它便不存在你的現實中，而你也不會受它影響。除非你又去想它。

大家不妨做個小實驗，請想想你的鼻子，在你想鼻子之前，它在哪裡？沒想到鼻子，你就沒意識它的存在，即使鼻子就在你眼前，對嗎？

有思想，才有感覺。同樣地，若沒有憤怒的想法，就不可能覺得憤怒；若沒有悲傷的想法，就不可能覺得悲傷。以此類推。

任何情緒出現之前，都會在內心蘊釀成念頭，所以如果你能對升起的念頭加以覺察的話，那麼很多困擾著你和不快樂的事，就不會發生了。

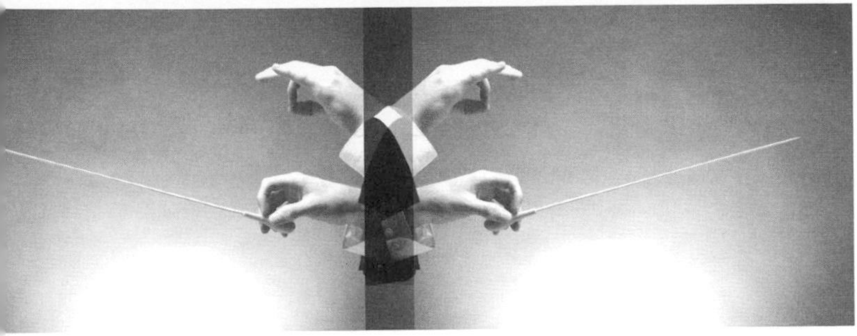

憤怒起於愚昧，終於悔恨

我們都知道什麼是生氣，也都曾有這樣的經驗。不論是只有一點點的不高興或是完全爆發的暴怒。

很多人認為，生氣是最好的發洩方式，因為如果不好的情緒沒發洩出來，憋在身體很可能憋出病來。但毫不保留的宣洩就好嗎？

當然不好，因為情緒只會引發情緒，發火只會讓人越來越火。每個人都是相互影響的，一個人的怒火在發脾氣中得到釋放，那麼，必定有其他人受到影響。如果每個人都選擇用發怒的方式來宣洩，這世界恐怕永無寧日。

《新約聖經》中的〈腓利門書（philemon）〉寫道：「當人憤怒時，都是瘋狂的。」富蘭克林不也說過：「憤怒起於愚昧，而終於悔恨。」

不論什麼時候，只要人一發怒，就會思慮不周，口無遮攔，表現失態，一發不可收拾。平日機靈、睿智的人可能做出魯莽衝動的事，犯下愚昧的錯誤；一個明理、慈愛的人也會失去理智，說出、做出讓自己後悔難過的言行。

憤怒的後果，遠比它的原因更糟糕。

所以，「不要隨便生氣」就跟「不要隨地吐痰」一樣重要。在發怒前，就得想清楚：「自己到底在氣什麼？」

你因某人生氣，想想看：對方有道理嗎？如果對方有理，是自己的過失，你憑什麼生氣？反過來，如果對方無理，錯的是對方，那你又何必生氣？別人犯錯，你生氣——你付出的代價是什麼？

美國前總統艾森豪是個豁達的人。有人曾經問他的兒子約翰：「你的父親有那麼多的敵人，那他是不是會一直懷恨在心？」

「當然不會，」約翰回答：「我父親從來不浪費一分鐘去想那些他不喜歡的人。」

狗會咬人，人不會去咬狗。原因很簡單，當你「以牙還牙」，等於把自己貶低到和對方同樣的水平，而對方的言行是你一開始就不認同的。如果你屈服於自己的敵意，就變成和對方一樣的人，不是嗎？

想讓氣消，要知道憤怒的本質。當我們生氣的時候，我們堅信是別人做了讓我們憤怒的事。但事實並非如此，你的思想才是一切問題的根源。因為如果你打擊佛陀、耶穌，祂們並不會惱怒。招惹我們的並不是別人的言行，而是你對於這些言行的看法。

那麼，怎麼消除這種看法呢？只需要明白一個道理：就是別人的惡行並不是你的錯，只有自作的惡行才是你的錯。有人對你說三道四，你不隨之起舞，誰是不三不四，昭然若揭；他說你邪惡，你卻回以良善，誰是邪惡，不辯自明。如果你為別人的錯誤而表現惡行，那你就是在代替那惡人承擔錯誤。你是拿別人的錯誤來懲罰自己。

也許有人會覺得，就這樣輕易饒恕，「那也太便宜他了吧！」其實，那不是便宜他，而是看重自己。你不會把手伸進火裡，不是因為你怕火，而是知道這樣做會讓你燒傷。

林肯有句名言：「最好是讓路給一隻狗，不要和牠爭吵，以免被牠咬。因為即使殺了狗，也治不好你的咬傷。」你說是不是呢？

生氣時怎麼辦？

問自己以下幾個問題：

「到底在氣什麼？」

「值得嗎？」

「有用嗎？」

「有沒有更好方法？」

當你對的時候，用不著發脾氣；當你錯的時候，不配發脾氣。愛發脾氣的人，也是最無能的人，因為他不知道還有其他的辦法可以解決問題。

為什麼我會有這樣的反應？

以我們現在的情緒來說，絕大部分都是由過去而來。譬如某人說了你幾句「不中聽」的話，你就生氣，那個情緒是來自你過去的憤怒，而非來自現在的你。

當有人批評你、侮辱你，你就立刻還以顏色，因為在過去曾有人批評你、侮辱你，在你的內心形成了一個傷口，現在只要任何人對你說了類似的話，就會觸碰到你的傷口。

有位學生想約女友出去，女友回說：「我有很多事要忙，沒辦法陪你。」他為此發了一頓脾氣：「奇怪，為什麼我會反應那麼激烈？」

「是啊！為什麼你會反應那麼激烈？」我要他自己想想。每一種情緒感受之所以產生，都有它的道理。情緒在我們生活的功能便在於：讓我們知道自己怎麼了。

像前陣子有位學弟跑來找我，他說：「我對上司發火，因為我很受不了

他說話的口氣，還否決了我寫的企劃。我感到又氣又惱。」

「別人的話會讓你心裡不舒服，是因為你的心裡本來就有個傷口。」我提醒他，「在情緒的底下，往往隱藏很多舊傷：你的傷可能來自曾受到的失敗挫折，你的傷可能是覺得自己無能、不夠好、不值得被愛，不受尊重，或者對自己不滿。」

奧修說：「如果某人侮辱你，你要感謝他，因為他給你一個機會去感覺你深處的創傷。那個創傷或許是你一生中所遭受到很多侮辱所形成的，他或許並不是所有這些痛苦的肇因，他只是啟動了那個開關。」

以後當有人引發你的情緒，不要一開始就

認為是對方的錯。相反的，開始往內看，回想一下，究竟以前曾在「何時」、「何處」、「與誰」有過類似的感覺。

情緒只是表示每個人對事情的反應。然而，我們必須弄清楚「為什麼我會有這樣的反應」，才不會把不好的情緒轉嫁給別人，或是讓紛亂的情緒隨波逐流。

同樣，當別人對我們有情緒反應時也一樣，別急著反擊。試著了解那個人，不管你厭惡的是什麼，請先了解他的成長背景，了解他的恐懼，了解他曾受過的傷，慢慢地你將發現：那個傷害你的人，其實也是受過傷的人。

有句法國諺語說得好：「了解一切，就會寬容一切。」

當你了解到每個人都有著不同的過去，是否能有更大的包容去接納別人？是否能諒解別人所犯的錯誤？

當你了解自己也可能是過去的受害著，是否能較心平氣和地看待自己的挫折失意？是否能讓自己不再受過去的傷痛所左右？

阿底峽尊者提供一個蛻變傷口的靜心方法：首先不要讓你自己有逃避的機會，關起房門，不要喝酒、抽菸、嗑藥，關掉電視，不要睡覺。靜靜地坐著，去感覺那個痛苦，儘可能強烈地感覺它，感覺你今天所感覺到的憤怒、傷害、羞辱，而不把這個情緒發洩在別人身上，或是侮辱你的那個人，因為那也是一種逃避。

如果你能坦然面對，你將會感到驚訝，當你將所有的痛苦都帶進你的內在，它們就不再是痛苦，心會立刻蛻變那個能量。如同傷口被照料好，療癒之後會變得更堅強。

放下，放過

當「忘了吧！」這個字眼被提到，誰最先出現在你的腦海？哪一個人，哪一件事是你無法忘懷的？是那個你最想忘的人和事，對嗎？

我發覺人對痛苦似乎有特別驚人的記憶，他們能記下每一筆痛苦，每一件悲慘、每一個錯誤。某人十幾年前對你說過的話，現在你都還記得；有人幾十年前傷害過你，那個傷口至今還沒癒合；無盡的河水已經流入大海，但你依然沒有流出那灘死水。

想想看，那個人和那件事都已成為「過去」，為什麼現在還放不下？真正的原因是自己「念念不忘」，對嗎？

傷痛的記憶源於過去不愉快的經驗，我們之所以記住過去的傷痛，是為了防止自己再受到傷害，然而如果我們頻頻回顧，便無法撫平舊創。

多年以前，有一個女孩因被誣陷而坐牢了，儘管後來被釋放，她仍耿耿

於懷，便到教堂禱告。看到女孩一臉悲傷，一位牧師問她發生了什麼事。這個女孩哭了，她泣不成聲地說：「我好慘啊！我多麼地不幸啊！我這一輩子都忘不了這件事……」

聽完她的陳述，牧師對她說：「這位小姐，妳是自願坐牢的。」

這個女孩被牧師的這句話嚇了一跳，說：「你說什麼？我怎麼可能自願坐牢？」

牧師對她說：「儘管妳已經從監獄裡出來了，但妳的心，還心甘情願地被關在牢裡，那妳不是自願坐在心中的牢獄裡嗎？」

那個讓你難過的人和事都已經過去，現在讓你難過的是誰？

事實上，無論是什麼痛苦，我們對「過去事件」所感受到的一切，都是「現在」創造出來的。就好像很久以前，有人把我們關進籠子，後來籠子不存在了，可是我們依然掙扎，為什麼？是自己還抓著籠子，對嗎？

在江戶時代有位著名的高僧盤珪禪師，當人們前來請禪師開示，他會對

婆婆這麼說：「不要憎恨妳的媳婦。妳憎恨的是媳婦於某時說過某些話的記憶，只要抹掉這些記憶，妳家的媳婦就不討人厭了……」

他也會對媳婦這麼說：「妳的婆婆並不討厭。妳憎恨的是婆婆於某時說過某些話的記憶，只要不去回想，妳會發現婆婆並不討人厭……」

盤珪禪師將這種開示運用在每個人身上，他說：「人的記憶，正是苦痛的來源，只要沒有記憶，痛苦自然消失。」

希拉克里特斯如是說：「即使你只踏進一條河一次，它也不是相同的河——因為河總是流動。」

是的，當你每一次進入河流，正如每一次批判某人時，河水早已不是原本的河水，那個人也許不一樣了。當你說「我討厭他」，你所討厭的是昨天以前的他，而不是現在的他。你所憎恨的是過去對他的記憶而已。

那些舊的人和舊的事，就讓它們隨著時間的河流去吧！如此你的生命才能流動，生命一旦開始流動，它才會回到愛和希望。

常有人問說，「要放下談何容易？」但請想想，我們一方面想要「幸福」，卻又不願忘掉「不幸」，豈不更難？

所謂放下才能放過，當你願意放下那個人，不再執著於那件事，你會發現你也放過了自己。

逝者已矣，來者可追

當我跟人談到過去時，總是很驚訝許多人帶著不斷壓在心頭的遺憾，過著日子。也許是做錯了某個決定，也許是被朋友背叛，也許是傷害了某人，也許是夢想破滅了，又或許是失去了心愛的人事物。我們浪費了這麼多的能量和時間，為過去感到內疚或自責。不但加重心裡的負擔，也阻礙了喜樂，更重要的是：再多的遺憾，也改變不了任何事。

有一則故事，某個女孩遺失了心愛的手錶，一直悶悶不樂，整天茶不思、飯不想，最後甚至還病倒了。

神父來探望她，了解了情況之後，便笑笑地問

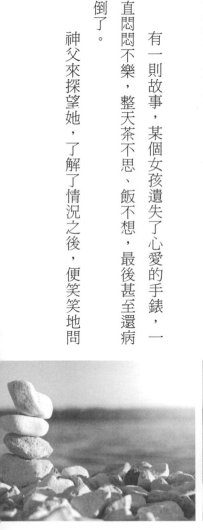

道：「如果有一天妳不小心掉了一千元，妳會不會選擇乾脆再另外扔掉兩萬元呢？」

女孩訝異地回答：「當然不會。」

神父又說：「這就對了！那妳為什麼要讓自己在掉了一支手錶之後，又另外再『丟掉』兩個禮拜的快樂，以及兩個禮拜的笑容，甚至還賠上了兩個禮拜的健康呢！」

女孩如大夢初醒般地跳下床來，說：「對！我拒絕再損失下去，從現在開始我要想辦法，再賺回一支手錶。」

讓我舉個簡單的例子：如果你正在歐洲旅行，在前往巴黎的途中，乘船橫渡英吉利海峽，那你將很容易遇上洶湧的海浪。你抵達法國後，如果你還將時間用在抱怨不穩定的航程上，那麼你停留在巴黎享受假期的時間就會愈少。常識會告訴你，你應該盡快忘了這段不愉快的航程，充分把握眼前的一切。

話說有對失業的年輕夫婦，在早市擺攤子，靠微薄的收入維持一家五口的生活。這對夫妻，丈夫喜歡養鳥，妻子喜歡養花。即便失業，鳥籠裡依舊傳出悅耳的鳥啼聲，陽臺上的花兒依舊鮮豔奪目。失業後的他們，收入減少許多，卻仍快樂不已，鄰居們都感到相當詫異。

一天，記者去採訪他們。丈夫說：「我們雖然無法改變目前的境況，但是我們可以改變自己的心態。」妻子說：「我們沒了工作，可是不能沒有快樂，如果連快樂都失去了，那活著還有什麼意思？」

是啊！不管失去什麼，千萬不能再失去你的快樂。

「逝者已矣，來者可追」我們應該停止悔恨的愚行，把精力集中在「現在我能做什麼」，而不是「當時做了什麼」，若能如此，我們從失去中將會得到和成長更多。

沒有人能在事情發生前，就知道結果。既然不知道，我們能怎麼樣？
你實在沒有必要為了過去「還不知道」的錯而痛斥自己，難道錯誤
給你的打擊還不夠嗎？

你不緊抓著念頭，它自然消失

我常有負面想法，怎樣才能把它除去？當負面情緒生起，要如何放下？

「當你的手碰到火時，需要別人叫你把手拿開嗎？」每當有人問我類似問題，我總會這麼反問。只要有燙灼之感，手便會自行移開。同樣地，當你認清某個想法讓你痛苦，自然就會放下。

在《零阻力的黃金人生》，書中有個「氣球練習」，我覺得很適合作為「放下練習」。方法如下：

去買氣球，現在請把手上的氣球吹起來。

吹大一點，但不要吹破了，然後用手捏住吹氣口。好了嗎？

然後，請回答以下幾個問題：

・請摸摸這個氣球，現在這個氣球漲漲的，繃得緊緊的，是因為裡面充滿了什麼？

・這個氣球裡的空氣是誰吹進去的？

・如果我們能做個決定把手鬆開，並真的把手鬆開，接著會發生什麼事？

・這個氣球裡面的空氣很想做的一件事叫做？

・氣球裡的空氣之所以沒辦法做到想做的事是因為？

回答完以上問題後，把手鬆開，看看會發生什麼事。然後回答以下問題：

・要讓氣球裡的空氣出來，除了放手之外，你還能做什麼嗎？

現在，請閉上眼睛，試著想一件你最近在擔心、煩惱或痛苦的事。盡可能在心裡「看見」那件事，然後觀察自己胸口這一帶（情緒中心）有什麼感受？是不是悶悶、緊緊、卡卡的感覺，甚至覺得呼吸有點不順？

再來作個類比：把你手上的氣球當做是你的感受，然後回答以下幾個問題：

‧這股稱為感受的能量之所以壓抑在這裡卡得很不舒服，是誰造成的？
‧積壓在你情緒中心的能量很想做一件事叫做？
‧這些能量之所以沒辦法做它想做的事是因為？
‧如果我們能決定放手，然後真的放手，接著會發生什麼事？
‧回答完這幾個問題後，把手鬆開，想像隨著氣球裡的空氣釋放出來的「咻——」聲音，壓抑在你內在的感受能量也隨著消散掉。
‧然後，再想那件令你擔心、煩惱或害怕的事，並觀察自己胸口一帶的感受。相較於練習之前，是否減輕？

要如何放下負面情緒和想法？
想想，你如何鬆開手中燒燙的石頭？如何放開緊繃漲滿的氣球？
你只要不再緊抓著就好。

許多人試圖改善負面思考，效果總是有限，原因就出在他們太認同了，那些念頭原本是空的，然而如果你去認同，就等於給予了它生命。所以，重點不在改善或處理，而在了解。

一般人平均每天約有五萬個念頭浮現又消失，每個念頭都是從一個極微小的念頭開始，這念頭逐漸擴大，從一顆小氣球變成大氣球，然而無論你的感受有多強烈，多痛苦，只要你不繼續吹氣，氣球就開始變小，當你放下，

它就消失。如同有時你想到一件事，後來因接了通電話或做了某件事，突然就忘了。

坦白說，我有時還是會有負面思緒出現，不同的是，現在我知道「這不過是一個念頭罷了！」我不必因它們出現，便加以反應。一旦不緊抓著念頭不放，不久就煙消雲散。

我們常常被自己的念頭所困，無形的枷鎖讓自己動彈不得，然後我們還抱怨：「心裡很不舒服！是某人害我們這樣！」

佛陀說：「沒有人能給我們痛苦，只有自己給自己痛苦。」人之所以痛苦，在於堅持錯誤的想法，在於追求錯誤的東西，在於緊抓著錯誤不放。

痛苦，就是提醒你該放下了。

CHAPTER 5

錯過，就是你人在心卻不在

慢 下來，幸福 就不會擦肩而過

慢下來，幸福就不會擦肩而過

忙、忙、忙，世界運轉快速，人們越來越匆忙。忙學業，忙事業，忙家事，忙公事，忙研發，忙生產，忙行銷，忙著賺錢，忙得焦頭爛額，忙得忘了自己為什麼而忙。

因為匆忙，我們丟失了心靈深處的平靜；因為匆忙，我們忘了欣賞生命旅途中的種種風景和美好；因為匆忙，我們沒時間回家看看，沒時間與好友聚會，甚至沒發現父母漸漸老去、妻子或丈夫變得越來越陌生，孩子已經長大；因為匆忙，我們忽略了四季的更替，就這樣不知不覺地過了一年又一年。

圖文作家 **Fion** 強雅貞，寫過一則小故事，非常有趣又深富啟發。

有一天，公車走得很慢很慢，因為一隻巨大的大象上了公車，大象坐在司機旁邊低著頭，不知道在想什麼，司機努力地踩油門，但是公車還是跑不快。公車走得很慢，比步行走路還要慢，車上的乘客有機會非常清楚地看見

車窗外的景物。

小狗看見了一個多年不見的老朋友，在公園門口賣棉花糖，從前小狗以為那是個陌生的公園。小貓發現花圃裡有一朵藍色的小花，從前小貓以為那是很普通的紅色花圃。小兔子看到一個彩色的房子，從前小兔以為這個城市只有很難看的灰色房子。小松鼠看見了一個種滿花的窗臺，從前小松鼠以為沒有人有空種花了。小猴子看到一群孩子在噴水池裡快樂地玩水，從前小猴子以為大家都很不快樂。

那一天，公車走得很慢很慢，大家都忘了下車，因為車窗外有很多新鮮的發現。大象看著車內，牠看到發呆的人，從前大象以為大家都只忙著生活忘了發呆。

當我們喊著忙、忙、忙的同時，心，是不是也茫了？眼，是不是也盲了？你有發現牆角的野草開花了，圍牆邊的樹也結了果實，繡眼畫眉開始一隻一隻飛來，附近新開了家咖啡店嗎？

別總是匆匆忙忙，把生活的腳步慢下來，才能盡情感受周遭的事物。一位老同事能力強又工作十分賣力。有天，在咖啡館巧遇，我好奇「怎麼有如此閒情逸致？」她說自己是個急性子，經常都是匆匆忙忙的，連吃飯也一樣，趕快吃完了事。她說現在常以「放慢腳步享受人生」來提醒自己，就算是喝一杯咖啡，也一面慢慢地享受咖啡濃郁的香氣，一邊享受從容不迫的悠閒。自從這樣做以後，她每天都能發現可以讓自己開心的事，心情也變得十分開朗。

我想起張潮在《幽夢影》書中論閒說：「人莫樂於閒，非無所事事之謂也。」閒則能讀書，閒則能遊名勝，閒則能品茗，閒則能交益友，閒則能安適情緒。人生之樂，莫過於此。

是啊！何必急於一朝，爭於一時？忙中偷個閒，在斜照夕陽中泡一壺茶，躺在草地上曬曬太陽……。套用那句4G的廣告詞，「世界越快，心，則慢。」讓生活慢下來，這樣幸福就不會擦肩而過。

現在起，不管做什麼，試試看：讓……你……的……
動……作……慢……下……來。

試著很慢、很慢地走路，慢慢吃，慢慢地喝水、慢慢地說話，於是你的呼吸和心跳也慢慢地慢下來，於是世界不再那樣匆忙地轉動，於是你的感覺變得平靜且深刻，於是你開始有閒情逸致去細細體會周遭美好的一切。

把心慢下來，呼吸便慢下來，生活也會慢下來。

一次只做一件事

你是否覺得自己就如雜耍的演員那般，終日勞碌不停？比如邊看電視、邊聊天，同時在滑手機？一邊說電話，同時整理手上郵件，並且把晚餐放進微波爐？

是否老是神魂遊走，魂不守舍。常因為恍神而打破東西、灑翻水、東西丟三忘四。經常還沒嚐到食物的滋味，就已經吞下肚？

是否總是在想：什麼事要做？接下來還要做什麼事？卻沒注意到，自己現在在做什麼？

要讓失焦的生活變專注，最簡單的生活方式就是——「一次只做一件事。」如果讀書，就專心讀書，如果睡覺，就好好睡覺……不要再去想別的事。

當身體在做一件事時，如果我們的心不在，身心沒有真正整合，往往顧此失彼。當那件事做完時，又會在下一刻想著上一刻有哪些事沒做好，連帶

我們下一件事也受影響，結果沒一件事做好。

例如：今天我們花了好幾個鐘頭，擔心明天學校裡一場很重要的考試，就沒辦法專心念書。如果我們躺在床上整晚睡不著覺，煩惱那些沒讀懂或是沒念完的東西，到了明天考試我們一定精疲力竭，結果考試又沒考好。

我每天都要寫作，除了報紙與雜誌的固定專欄外，還有一些臨時加進來的稿約和回讀者信。比如我這星期必須寫完三篇，在第一天我就開始想，要寫哪三篇，想到最後，可能一篇都寫不出來，因為三篇的主題、對象不同。後來，我開始一次只思考一個主題，專心寫好了，再去想第二個主題。這樣不但能如期完成，也不再陷入莫名焦慮。

想像你參加比賽，必須將兩隻豬抱到一百公尺遠的地方，如果你先抱起一隻，接著又抱起另一隻，那就永遠沒完沒了，因為老是有一隻會從你的臂彎裡溜走。

托斯卡尼尼是舉世聞名的指揮家。人生的閱歷豐富，他到過很多地方，

指揮過無數的樂團，也見過無數的達官顯要。

當他八十歲時，有一天兒子好奇地問他：「在您一生中，一定有過很多重大的事，您覺得自己做過最重要的事是什麼？」

托斯卡尼尼回答說：「我現在正在做的事，就是我一生中最重大的事，不管是在指揮一個交響樂團，或是在剝一顆橘子。」

他說得對，如果你無法專心地剝橘子，如果你只想儘快剝來吃的話，你還是無法專心地吃橘子。當你一邊吃著橘子，你還是會一邊想著下一刻要做什麼，對橘子的味道無法細細地品嚐，也失去吃的樂趣。如果你不能專注在此刻，那你任何時刻都不可能專注，你將永遠被下一件事拖著走。

你可以隨時用「此刻」這兩個字提醒自己，專注在現在所做的事，「此刻，我正在讀書……，此刻，我正在散步……，此刻，我正在睡覺……，此刻，我正在和朋友聊天……，此刻，我正在品嚐甜點……。」

記住，回到此刻，專注在每個當下所做的事，其他的都不重要。

很多時候事情就是這麼簡單，一次只做一件事。
當你全神貫注於手上的事，就不會想著下一步的計畫，或掛念剛才做得好不好；也不會耽擱或擔心還沒做的事，你就可以從繁雜的事物中解脫出來。
當你全然地投入當下所做的事情，結果自會完美呈現。

人在哪裡，心在哪裡

當身體在做一件事時，你的心在做什麼？

小明正在準備考試，才看了三頁，他的心思早已飛上九重天。雖然眼睛盯著每一個字看，腦子卻想著昨晚的電影劇情。

劉太太帶小孩到公園散心，心裡卻想著回家後要做的事——煮飯、拖地、洗衣機的衣服要拿出來晾、還要到超商繳錢、買雞蛋。

張先生正在跟女友喝下午茶，夕陽的餘暉，伴著輕柔的音樂令人如癡如醉，這時他竟然問她說：「我們要不早點離開，太晚我怕會塞車。」一下子眼前的浪漫就蕩然無存！

錯過，就是你的人在那裡，心卻不在那裡。

例如，許多人喜愛韋瓦第「四季」，尤其用小提琴獨奏來表現，十分地傳神。但是不論你用再好的音響，音量放得多大聲，如果你還想著你的投資：股票現在是漲是跌？何時獲利出場？基金要申購哪一個？高收益債券基金可

以買嗎？此時，你會有任何感動嗎？

有一則老故事：某天，國王與王子去打獵。狩獵現場，一隻兔子從草叢裡竄出，王子彎弓搭箭，正準備射時，忽見一隻梅花鹿從牠的左邊跳了出來，於是他急忙把箭對準梅花鹿。這時候，又有一隻羚羊從右邊跳了出來。王子將箭頭對準羚羊。

忽然，有隻蒼鷹從樹林中飛了出來。王子最終選擇了這隻蒼鷹，正要瞄準時，蒼鷹已迅速在空中劃過一道弧線遠遁而去。等到王子回心轉意，先前的目標早已無跡可循，他拿著箭比劃了半天，結果一無所獲。

其實，多數人的一生，也是這麼錯過的。早上還沒有起床時，你就開始擔心起床後的寒冷，因而錯失了最後幾分鐘的溫暖；你急著上班上課，狼吞虎嚥地用完餐，錯過了美味的佳餚；你人坐在教室或辦公室，心裡卻盤算週

末渡假，又錯過了該做的事；你到外面散心又想著待辦的工作或未完成的課業，你又錯過了沿途的風景……你從來沒有生活在此時此刻，當然享受不到生活。

日本有句俗諺：「勿思明日櫻花在，夜半風來花瓣落。」要賞櫻花就要掌握今天，夜半說不定一陣風來，把花瓣吹落滿地，明天就無法再看到美麗的櫻花了。

很多人在臨死前，常會對自己一生感到莫大的追悔，覺得白活了，如果能重新開始，他一定過「完全不一樣」的生活。然而現在一切都太遲了，時間所剩無幾，他才赫然驚覺自己錯過了，才覺得自己從沒有好好活過。

這是多麼悲哀啊！多數人死的時候都不是走得心甘情願，他們並不想死，因為他們錯過了，錯過了體驗、錯過了欣賞、錯過了歡樂、錯過了所有……生命怎麼就這樣結束，當然不甘心。

你到一個地方，首先你要問的是：「我為什麼會在這裡？」然後，接下來你要問一個更根本的問題是：「你在不在這裡？」我指的不是「你的身體」，而是你的「心」，是不是在你所在的地方？

不論你的心如何徘徊不定，你的身體一直在此時此地。

何不放鬆下來安住你所在的地方，專注於眼前的事物？

一期一會

很喜歡日文漢字「一期一會」。「一期」是指人的一生，「一會」則意味著僅有一次相會。這句話被引申為把每一次的相遇機會，都視為人生中唯一的一次。

相傳這原是日本戰國時代之武士所流傳的一句話。當時武將們出征的前夕，首領會請人來替眾武士舉行茶會。想到在亂世中我們還能有幸一同品茗，此時美好的歡景以後可能無法再見，甚至這可能是此生最後一次見面。那就讓此刻，成為日後回憶起，仍不悔的畫面吧！

日本茶道宗師千利休感悟，他說：「我們現在喝的這碗茶，就是獨一無二的一碗茶，以後再也不可能出現相同的一碗。」

想想，如果一生能喝一杯茶，就是每次喝茶時，都要懷著這碗茶是此生唯一、最後的，可能以後再也喝不到了的心情，因而自然會想緩慢安靜下來，去好好品嚐此生最後一口茶的味道。

這是日本茶道與飲食文化美學，許多服務業也以此理念來服務顧客。把每一位客人都視為這輩子最後一次款待他，竭盡所能地珍惜。

人生無常，人的緣分稍一縱放往往成了人生偶然路過的風景，可不可以重來，會不會再會，誰也不會知道。想到「可能以後再也見不到這個人，」我們是否把每一次相會，都當成是唯一，僅有的一次來真誠呵護？是否即時把握，珍惜眼前的幸福？

「人生啊！當下都是真，緣去即成幻。」因為「當下都是真」，所以眼前

的每一刻，都要認真地活；每一次，都要深刻地體驗；對每一個人，都宛如一期一會那般珍惜。因為「緣去即成幻」，所以當事過境遷，就讓過去成為過去吧！畢竟，曾經擁有，就曾經幸福過，不是嗎？

佛家說：「一即一切」。就是這一刻等於一切！

任何事物的發生或顯現，都是在當下的一刻。在每一個當下，你只有一個機會，要不然就去經驗它，要不然就錯過。你無法再回到當下，即使重來，也不再是當時。

人生過程，人的感情，錯過了，無法重來，好好把握當下吧！

你現在不快樂，你一定不在現在

「我為什麼老不快樂？」每當有人這麼問我，我總會反問：「為什麼你老去想些不快樂的事？」

只要注意一下你心情不好的時候，你的心在哪裡，你要不是想著過去，就是想到未來，否則你怎麼可能不快樂呢？

你可以回想以前的事，然後變得不快樂；你可以想著以後，然後陷入不快樂。可是在此時此刻，如果你在當下——沒有任何思考，全然專注現在做的事，你不可能是不快樂的。

人們常說：喜悅就要活在當下。為什麼？

因為活在當下，你就不可能思考，可想的，都是已經發生過的事，或者等一下，未來要發生的事。你怎麼能夠「想現在」？現在你已經在這裡，要怎麼想？

當下只有活生生的體驗。譬如你看到美麗的青山、綠水、花朵盛開，深深被它迷住的那個當下，你就只是純粹在欣賞，沒任何思考，你會感受到幸福美好。

然而，當你開始去想自己生活的問題；你沉浸於自己的念頭裡，專注在自己對這些麻煩的感受以及如何解決它們的想法上——那麼突然間，你看不見溪流、嗅不到花香、感覺不到微風輕拂，所有這些知覺都消失，喜悅也跟著消失。

你坐在那裡，就只是坐在那休息。突然你想起了某個人，你想到他說的話，心裡很不舒服；然後，你開始想下回見到他時，你要怎麼做？不理他？還是給他一點顏色？還是……你甚至想到以後，等有一天，等你有能力時，你要怎麼報復他。思考已成了一種習性，人們老愛胡想、亂想、瞎想，這即是經常不快樂的原因。

去瞧瞧你的心，看看你花多少時間在過去，在記憶中挖掘痛苦，你憤恨不平，你挫折沮喪，這不都是過去的事嗎？因為過去，接著你開始想像你的未來，你開始擔心懷疑，你變得恐懼怯懦；你的焦慮、煩惱不都是為了一些尚未到來的事嗎？

如果你現在不快樂，你一定不在現在。

快樂在哪裡，其實就在我們心裡。當你全然的處在當下，你會感到全然地放鬆；當你全然活在當下，就會發現，快樂不請自來。

完全沒有任何思考，你要怎麼不快樂？
不管你費多大的力量都不可能。不信你可以試試看，
對過去漠然以對，對未來漠不關心，然後再痛苦看
看，那是不可能的。你無法痛苦，你辦不到的。
不念過往，不畏將來，活在當下，身心自然安頓。

別去想，只要看

假如你曾經消沉過，我想你一定也聽過無數次來自好心人的建議，要你多往好的想，要你樂觀積極，要你想開一點。

但是有用嗎？問題並不是發生在他們身上，所以別人很難了解，一個失意的人根本不可能積極地思考，這是很不容易的。你也知道要往好的想，但就是做不到，對嗎？

你思想，而你又用思想來反對思想，那個用來反對思想的也是思想，你有跳出思想嗎？你並沒有，你可以否定你的想法，但否定的人是誰？這否定的想法仍然是來自你，你只是在一個惡性循環裡面打轉，但是你還是走不出來。

那要怎麼辦？答案是別去想，只要看。首先，「觀看」你的思想，就像走進電影院看電影的觀眾，當你觀看你的念頭，你會發覺，思想不斷來來去去。隨著這觀察，接著你會了解，既然念頭可以被你觀察，那麼顯然思想並不是你。

一旦你了解「我有想法，但我不是我的想法；我可以處在各種煩惱之中，

但那些煩惱並不是我。」當你覺知到這一點，內心有一種平靜將會包圍你，即使你煩惱的事並不會因此消失，但那思想卻不會再困擾你。

現在試試看，不要去排斥，讓那些心情存在，讓自己沮喪，然後看看會發生什麼。

你將會發現，你無法一直沮喪下去的。一旦你接受沮喪，那樣你就不可能沮喪太久，沒有一種情緒會一直停留在這裡，每一種情緒都在移動和改變。如果你仔細觀看你的心情，你是無法保持同一個心情，甚至在下一刻你的心情也是不一樣了。

原本情緒就是來來去去，如果你不刻意抓住，它是無法久留的；如果你不去排斥，它自然會消失。

靜坐的道理就在這裡，你只是坐著，什麼事都不做。心就會慢慢安定下來。觀看就是靜心，讓自己成為旁觀者，不要去抗拒任何思想，你只要觀照每一片刻內閃過的各種念頭就好，憤怒在那裡，就讓它存在；悲傷在那裡，就讓它存在；不用說：「我要停止負面想法。」這樣你又落入同樣的思考模

式；不用說：「我心裡很煩，走開！雜念，別來煩我！」因為當你這麼說時，你已開始心煩，你的雜念又開始浮雲紛飛。記住，那個奧祕就是靜靜地，不要做任何事。

當雜念進來，就讓它進來；當念頭離開，就讓它離開。船過水無痕，鳥飛不留影，此即「隨相而離相」。

佛家有一句哲言：「湖水攪動，一無所見；湖水靜默，一覽無遺。」水若平靜，則可以清澈見底，魚蝦沙石都可以一目了然；反之，若水不平靜，則一片混濁，什麼也都看不見。

負面情緒就好像汙濁的河水，你能做什麼？你只要坐在河邊，河流在流動，泥沙自然沉澱下來，而枯葉、垃圾會順流而下，然後河流會變得完全乾淨、清澈。你不需要進到河裡面去清理它，如果你去清理它，反而會將它弄得更濁。

「青山原不動，白雲任來去」，心靈故鄉就像蒼翠的青山一樣，始終是不動的，動的只是那起心動念的白雲。

別去想，只要看，看那雲朵來來去去也無法影響不動的山巒。

人們之所以會心煩意亂，不能純粹與單純地去「看」。

只要嘗試這個小小的策略：好像它們不是發生在你身上，而是在別人身上的事，也許是個小說或電影裡的角色，而你只是個觀眾。即使有時你可能完全沉浸在劇情中，但部分的你是完全超然的。

當你開始不再認同它，轉而成為觀察者的時候，內心自然平靜下來。

CHAPTER
/6

當你學會死，就學會如何活

慢 下來，幸福 就不會擦肩而過

生命是不等人的

長久以來，多數人都以為幸福是「以後」的事。我們看到很多人，該做的事，該度的假，該和家人共遊的承諾，一再跳票：「等事情解決再說」、「等我得到升遷再說」、「等我簽下這份合約再說」、「等孩子長大再說」、「等我退休再說」，再說……再說。

有位患有焦慮症的現代婦女，除了工作上永無止盡的壓力，又得擔心小孩諸多雜事，當我告訴承受太大壓力的她，應該好好度個假，放鬆一下；她的回答卻是「等暑假再說」。為了等到完美的生活，我們不知錯過了多少美好的時光。人生難道就只是一連串的等待與無奈嗎？

澳洲神父艾佛列德．德索薩（Alfred D'Souza）寫下一段發人深省的文章：

一直以來，我都認為自己會過著真實的人生。但是，總會有許多的問題橫梗在前頭，例如有些急迫需要完成的事、做不完的工作、拋不開的人情世

故、未還清的貸款，在這些沒完沒了的事情之後，我才可能開始追求屬於自己的人生。

終於，我才領悟到，原來根本沒有通往幸福的道路，因為幸福就是道路本身。因此，應該更加珍惜與重要有緣人相處的每一刻，甚至要把大部分的人生都用在這些美好的體驗當中，也不覺得可惜。不要把太多時間無謂地浪費在讀書、工作或看似重要的事情上。

要即時去做那些讓你自己覺得幸福、或是讓你鍾愛的人覺得幸福的事。並且記得歲月無情，不要等到考完最後一次試、完成學業、上最高學府、擁有完美身材、買到拉風的名車、或是得到你生命中所渴望最完美的事物，

等到年華老去之後，才開始追求幸福。

不要等到週末，才能參加派對或放鬆。不要等到下一個春夏秋冬、等到找到對的人結婚、等到老死、等到再轉世重生，然後才要下決心追求幸福。當下，就是追求幸福最重要的時刻。

人生並未售來回票，失去的便永遠不再回來，將希望寄予「某個特別的日子」，我們不知失去了多少可能的幸福。

我有一位病人就是如此。在一次

突然的腦血栓後，人生就這樣草草結束，他最大的遺憾就是「未曾好好享受人生」。

一個朋友的妻子一直想到義大利旅遊，這是她唯一的願望。只是我這朋友老是說，要等到房貸付清，等孩子長大再去。

如今，房貸付清，孩子也都畢業、成家立業了，妻子這個夢卻一直沒有實現。她去年過世了。留下無比遺憾。

古羅馬哲學家塞內卡說得對：「當我們等著要去生活的時候，生命已經過去了。」所以，不要延緩要過的生活，不要說將來有一天想過的日子會來臨。想做什麼，現在就去做，因為生命是不等人的。

我聽說有一位音樂家，因故而被判了死刑。在執行死刑的前一天晚上，他在牢房裡居然拉起了小提琴。

獄卒也不知是基於同情，還是覺得難以理解，跑過來問說：「你明天就要死了，還拉琴做什麼呢？」

音樂家一臉迷惑：「我現在不拉，那你說，我要等什麼時候才拉呢？」

生命就像擁有一張八十年的旅遊券，在這八十年當中，每個人可自行安排自己的旅程。但可別拿著旅遊券只站在原地，生命中大部美好事物都是不等人的，千萬別讓自己徒留「為時已晚」的空餘恨。

快樂不需要花幾年、幾個月、幾個禮拜、幾天去尋找或等待，它就在現在。——你現在就可以快樂起來，如果你喜歡唱歌、喝下午茶或跟小孩在一起玩耍，不必等到當歌星，等到去巴黎或到兒童樂園。

愛爾蘭有句俗話：「現在的一件好事，勝過以前的兩件好事，以及可能不會發生的三件好事。」享受今天剛釣到的一條魚，勝過昨天已經發臭的兩條魚，或者還不知道會不會上鉤的三條魚。

覺得幸福的事，就趕快去做。

這輩子最好就是現在

人，在小的時候都希望趕快長大，到老了又期望回到年輕；獨身時空想結婚的幸福，到了婚後又想獨身時的美好；孩子還小我們告訴自己說：「等小孩會走路就輕鬆了。」或是「等他們青春期過了就好了。」然而諷刺的是，當孩子長大成人後，我們卻希望時光倒流，重新來過：「孩子小時候多可愛啊！」「我真懷念他們還是寶寶的階段。」以前總是抱怨沒時間休閒運動、享受人生，希望早點退休；真到了退休又怨日子無聊。

曾讀到一篇文章：「幾歲是生命最好的年齡？」……電視節目拿這個問題問一打左右的人。一個小女孩說：「剛出生幾個月的娃娃，因為可以被抱著走。你可以得到很多的愛與照顧。」

另一個小孩回答：「三歲，因為不用去上學。你可以做整天玩耍。」

一個青少年說：「十八歲，因為你高中畢業了，可以開車去任何想去的

地方。」

一個女孩說：「十六歲，因為可以穿耳洞。」

一個男人回答說：「二十五歲，因為你有充沛的體力。」這個男人四十三歲。他說自己體力越來越差。他二十五歲時，通常午夜才上床睡覺，但現在晚上九點一到便昏昏欲睡了。

一個三歲小孩說，生命中最好的年齡是二十九歲。因為你可以做幾乎所有你想做的事。有人問她：「妳媽媽幾歲？」她回答說：「二十九歲。」

某人認為四十歲才是最好的年齡，因為這時經濟和體力都達到高峰。

一個女士回答說五十四歲，因為你已經盡完了撫養子女的義務。

一個男人說六十五歲，因為可以開始享受退休生活。

最後一個接受訪問的是一位老太太，她說：「每個年齡都是最好的。享受你現在的年齡。」

在對的時間，做對的事。我也是這樣教育子女的，該玩樂的時候要玩樂，

該讀書時認真讀書、談戀愛就去談戀愛。在每一個年齡，就做那一個年齡該做的事。如果你把一切都打亂，這樣不僅會搞砸你現在的人生，到了未來也會後悔。當你十八歲的時候，去做三十歲的事，一定會做得像半調子，而當你真正三十歲，你又要做些什麼呢？

人們經常說：「如果人生可以重來，我希望……」「如果能再年輕一次，我們要去做……不同的事。」為什麼這麼說？就是因為他們錯過那個年紀該做的事。

年少時，我們常充滿了夢想和青春的熱情，卻不免無知徬徨；等到年紀大了，雖有能力有智慧，卻未必有足夠的動力和體力去追尋。

人到了一定年紀，常遺憾自己錯過了什麼，期待完成未了的心願，只可惜想歸想，就算有機會實現，也已人事皆非，心境和感受都截然不同。

這輩子最好就是現在，好好珍惜把握吧！

常聽到許多人遺憾：當上班族的總懷念自己的學生時光，當主管的覺得當年做員工時環境多單純，當大人的覺得還是孩童時光最無憂無慮，當父母的常懷念起孩子小的時候……只可惜每個人生階段都無法重來。

生命經驗一旦過去，將無法從未來得到彌補，人事再也無法重現。千萬不要等到失去了才空悲切。

如果突然你知道自己快死了

聽說一位長輩健健康康的，一檢查竟已是癌症末期，來日不多了。我們去看他的時候，他的氣色其實滿好的，和我們談笑風生。走出病房，我才知道，他原來還被蒙在鼓裡，家人、親友都不敢告訴他。我不知道這對他而言，究竟是幸還是不幸。

「就這樣讓他毫無準備嗎？」回家的路上，我想了許多問題：可怕的是死亡，還是我們從未認真面對它？如果知道自己要死，是否隨時做好準備？

死亡是一則不凡的啟示。就是因為有死亡，人們才開始審視自己的生命，生活方式，以及什麼才是最重要的事。死亡，或許帶給人悲傷，但能讓人更了解生命的意義。

心理治療師葉勒姆，至今已陪伴無數末期患者走過人生的最後旅程，他曾針對癌末病患寫過一份報告：

當病人坦然面對死亡以後，反而活得比生病以前豐富、更開闊。很多病人都表示，他們的人生觀自此有了戲劇化的轉變。不會在意瑣碎的小事，並且產生了自主感，不再做不想做的事，也能開誠布公地與親人好友溝通，完全活在當下。不留戀過去，也不期待未來。當一個人不在乎生活瑣事之後，會更懂得感謝世上的一切，包括季節的變化、飄零的落葉、逝去的春天，尤其是別人的關愛。我們一再聽到病人們說：「為什麼我們要等到被病魔折騰成現在這副德行，才懂得珍惜和感謝人生？」

如果突然你知道自己快死了，你會怎麼樣呢？你還會想買新車或換房子嗎？你還會去掛

念誰占了你便宜，誰對不起你嗎？突然間，你對錢、對物質的欲望會立刻消失。如果你快離開人世，你絕不會把它浪費在和人爭吵，那對你來講已經無關緊要；你也不會再去追求更多的東西，因為已經沒有意義了。

現在每個日出、日落、晚霞、星空將是最重要的事，因為每看一次，就少一次。現在我們必須很認真地看待它。否則以後再也沒有機會。

現在愛已經變成第一要務，在我們以為自己會活得好好的時候，我們對愛很吝嗇，因為我們可以等明天或後天再愛，但現在已經沒時間等了。

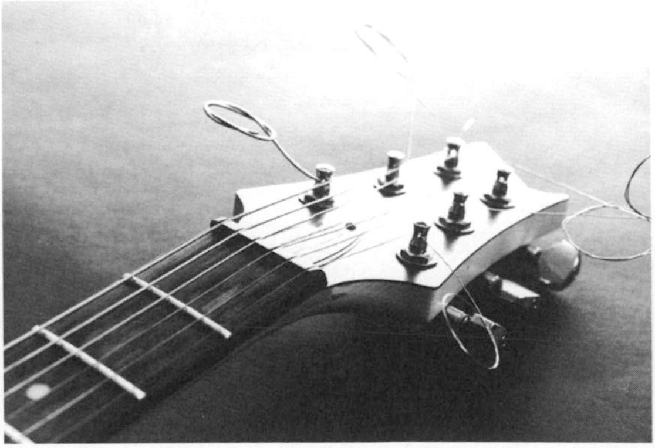

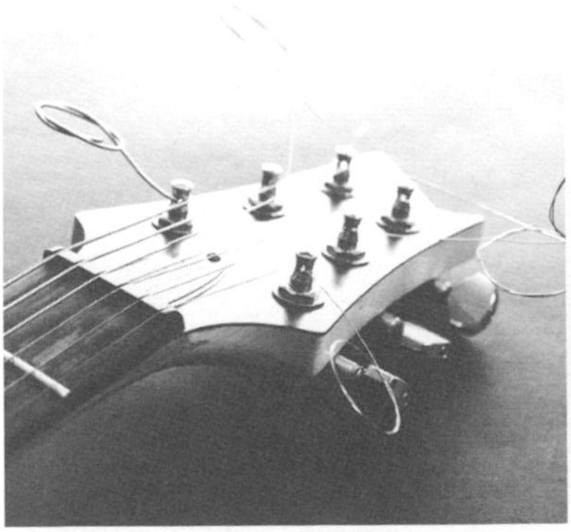

現在你就不會再如此匆忙，是的，你會放慢腳步，讓一切都慢下來。你會把自己想做的事變成第一優先的事。你會全心全意好好的生活，善用每一分鐘。

是該有人提醒我們隨時做好準備，因為死亡並不像我們想像中那麼遙遠，死亡並不是到最後才發生，它已經發生。一場大病會讓人體驗到生命的脆弱；一件意外會使人發現到生死竟在咫尺；醫師宣告還剩下幾個月的病人更會了解，不論你願不願意，你都必須面對。

想為死亡做準備的最好方法就是「死前先死過（die before you die）」。你可以在每年年終想一下，如果明年是自己的最後一年，你最想做的是什麼，然後將此事列為優先完成的事項。如果要更細微，就是每個月、每週、或每日去做。

每天早晨醒來，問自己：「如果我今晚死了，我會後悔今天什麼事沒做嗎？」

有時，不知道該不該做某件事的時候，一樣可以這樣問：「假設我將要死去，我會怎麼做？」事情的重要與否，在心中自會排出順序。

當你學著如何死亡，你就學會如何生活。

如果你因為生命終了，而想做點不同的事，你過的就是不想過的生活。

經常回顧自己的人生：這輩子你做了什麼？你想做的事你都做了嗎？你有沒有好好笑過，有沒有真正快樂過？生命行至今日，有沒有欠缺什麼而感到遺憾？

你可以這樣問問自己：當生命終了時，你會不會希望自己曾經是以另一種方式過活？那為什麼不現在就這麼過呢？

你可以單獨，不孤獨

每當你單獨一個人的時候，你會變得侷促不安，好像少掉什麼一樣。現在要做些什麼才好？打電話給誰，還是出去走走，那要找誰？去哪裡？去逛街、看電影或是去串門子，總之就是不要單獨一個人。

事實上，單獨是生命自然的現象，你單獨地出生，單獨地死亡，你本來就是單獨的。你或許可以結交朋友、找情人或混在人群當中，但是你仍是單獨的，你的小孩、先生、太太、同學、同事、朋友……所有人不過是掩飾你的孤獨。因為孤獨讓人害怕，孤獨會讓人有一種死亡的感覺，這就是為什麼人們對「失去關係」感到悲傷難過，那會讓人意識到自己是單獨的事實。

有一個故事頗為引人深思。

在一個課堂上，有個老師對著學員說：「今天我們來做個探討，看看誰伴你走這條人生路？我們請一位同學上來，寫出常伴你左右的究竟是哪些人？」

一個女學員自告奮勇走上臺來，只見她滿臉幸福地寫出：父母、丈夫、小孩、爺爺、奶奶、阿姨、堂妹、朋友、同學、同事、鄰居……等等。

老師接著說：「請妳劃掉妳認為最不重要的人。」她劃掉一個同事的名字。老師又說：「請妳再劃掉一個。」她接著劃掉一個鄰居的名字。在劃掉一個又一個之後，黑板上只剩下了父親、母親、丈夫和兒子，此時教室裡一片寂靜，學員們交頭接耳：「這真是一堂嚴肅的探索。」

老師平靜地說：「請再劃掉一個。」女學員遲疑著，艱難地做著選擇，她舉起粉筆劃掉父親的名字。「請再劃掉一個。」身邊又傳來老師的聲音，她非常痛苦地舉起粉筆劃掉母親的名字，老師等她稍稍平靜，又說請再劃掉一個。

那一刻，她嚴肅地劃掉了丈夫，隨後淚汪汪地將兒子也擦去。此刻黑板上已空無一人。

老師問：「為什麼妳通通將他們擦掉？」

她若有所悟地說：「隨著時間的輪轉，我們都會長大分離，父母有著他們的生活安排，也大概會先我而去；丈夫有他交際應酬或工作需要，我無法

要求丈夫一定要永遠陪伴我；就連現在唯一黏著我的兒子有一天也將長大，他會有自己的一個家，只有我自己能陪著自己慢慢老去。」

這樣的人生真相，若我們能愈早認知就愈能豁達以對。人生彷彿一場旅行，途中所見的風景儘管再美，我們也不能將之收入行囊帶走，所有因緣聚合的生命終也將因緣而各奔東西。

如同，莊子在面對兒子死亡時，並沒有表現任何悲傷，旁人看到了，很好奇的問：「難道你兒子死了，你一點都不悲傷嗎？」莊子淡淡的說：「他沒出生前，我活得好好的，他在的時候，我還是這樣活。現在他走了，只是又回到沒有他的日子，有什麼好難過的？」

學習單獨就是認識真相，如果你真的了解真相，那麼當有人離開你，你不會覺得孤獨，因為你並沒有失去誰，你反而找回了自己。

你可以享受一個人的自在、享受一個人的旅行、享受一個人的咖啡、享受一個人的單純快樂……你可以單獨，但並不孤獨。

單獨是很美的一件事，代表從此你不再受別人影響，你是自由的。

你覺得空虛寂寞，那是因為當你單獨時，你不是真的單獨，你想有人陪。

單獨並不是孤獨，那是完全不同的向度。孤獨是需要某個人，需要被別人占據，而當別人離去時你也失去了自己；單獨是做自己，一個對自己感到絕對滿足的人，即使別人不在，也可以享受自己。

你在身體裡，但你不是身體

如果你手被切斷了，你並不會消失；如果腿被切斷，你仍會存在；即使眼睛和耳朵沒有了，你還是可以活得好好的，因為身體並不是你。

身體會死，但你並不會死，了解這點就了解了生命，你所稱生命並非真實生命，那只是你對身體的認同，而錯把身體視為生命。人們對死亡的恐懼就是這麼來的，但如果你了解身體只是房子，你只是住在它裡面，即使房子垮了，不在了，你還是存在，意識一直都在，死去的是你的認同，就能超脫生死。

我聽過有一種心靈的修練，可以打破人跟身體的認同，方法是這樣；先躺下來，想像自己死了，身體已經是一具屍體。然後你看到人們把你抬起來，送到火葬場火化。

閉上眼睛，將注意力往內帶到腳趾，感覺火勢正從那裡往上面延燒，感

覺腳趾被燒掉，只剩下灰燼，接著慢慢地再燒掉火燄所經過的部位，雙腳、大腿、雙手：不斷地看著每個部位，都被燒掉。你的身體被完全燒盡，最後，頭部也消失。

你看到自己完全化成骨灰，塵歸塵，土歸土……身體消失了，而你就是那個看著身體消失的人，你成了一個旁觀者，那彷彿是發生在別人身上的事。

這門技巧可以幫助人們與身體分開，當身體被火化，但你並沒有被火化。你會突然領悟：「我的天，原來我不是身體。」那是以前從來沒有覺知到的。你首度知道自己的身體不在，而你還在，你並沒有失去什麼。

蘇格拉底一生探究生命，他一直想知道死亡的真相，所以當他被下毒之

後，他躺在床上，然後他告訴他的學生：「我的腳開始麻痺，但我還是跟以前一樣，我的身上沒有什麼東西被帶走。」然後他說：「我覺得身體和手都已經麻痺了，但是我要告訴你們：我還是一樣，我的身上沒有任何東西被帶走。」他感到非常驚訝，因為他發現身體漸漸死去，但他卻安好。

最後他快要死掉，他說：「現在我的身體已經完全麻痺，我快說不出話了，但是我要告訴你們：我還是一樣，安好如初。」

身體並不是你，不久之後，它就不是你。當你的身體不存在的時候，你在哪裡？在你出生之前，你在哪裡？如果你了解身體只是借來的房子，你只是借住在它裡面，你的看法就會不同。現在你已經不擔心這個房子，不擔心它會報廢，或消失。因為那個認同已經被打破。

當打破對肉體的執著，死亡的恐懼也漸漸消失。

人們怕變老、怕得癌症、怕疾病會帶來痛苦，這都可以理解的，但為什麼會怕死？死亡是一個很深的睡眠，一個完全放鬆的休息，這有什麼好怕的？人們真正怕的應該是躺在醫院裡，一張陌生的病床，身上插滿著管子……「要死不死」，人們怕的是這個，但是死亡呢？

你見過死亡傷害過任何人嗎？

當我們還在時，就還沒死，當我們死了之後，也就不在了。既沒有知覺，也沒有痛苦，有什麼好怕的？

沒有什麼是你的

有一個美國觀光客慕名前去拜訪一位老師父。多年來他已經聽聞過不少這位師父的事情，他非常期待能見到這位先知。終於有一天，他決定去見他。當他走進老師父的房間時，他覺得很驚訝，因為那裡面空無一物！怎麼會連一件傢俱都沒有？這美國人不可置信的問：「先生，請問你的傢俱在哪裡？」

沒想到這位老師父反問：「那你的傢俱又在哪裡？」

美國人笑說：「我是這裡的遊客，當然不會扛著我的傢俱到處亂跑。」

老師父也笑著答道：「我也只是這裡的遊客，不久我就會走，正如你也會走一樣。」

我們都只是遊客而已，在這個世界上，沒有人能真正擁有任何東西，你的房子、土地、黃金、鑽石……都只是借你暫用的，你只有使用權，而沒有所有權。

你或許疑惑：「這黃金、鑽石是我買的，我當然擁有它。」

但你真的擁有嗎？不，當你還沒擁有之前，那些東西早就已經存在了，它由別人所擁有，當有一天你不在了，那些東西還會在這裡，而將會有別人擁有它。

就在你住的地方，那塊土地曾有過許多地主，他們也曾像你一樣，以為那土地是他的，現在他早已不在了，但土地卻仍在那裡。他們曾經在爭鬥，就為了一小塊土地在爭鬧，而今呢？爭鬥的人早已離世，但土地一手轉過一手，卻從沒有人能帶走任何東西。

所以別聲稱說，那是「我的」。沒有

什麼是你的，你的財產、你最喜歡、最愛的這個那個……你什麼也帶不走，所有的一切在你離開時，你都得放掉。

猶太教法典說：「人握拳來到這世界，彷彿在說：『整個世界都是我的。』但人離去時卻是攤開手掌，彷彿是說：『看吧！我什麼也沒帶走。』」

所有的東西都只是來來去去，沒有人是永遠的主人。紫禁宮殿仍輝煌，但歷代的君王，現在又在哪裡呢？

如果你是有智慧，有所領悟的人，你會盡情地享用，你不會吝嗇，你會去分享，你不會占有。這些遲早會被拿走，在此之前，何不先分享給大家？

CHAPTER

7

我們要追求的不是生活享受，而是要享受生活

快樂，就是放下你認為能使你快樂的東西

我問一個學生：「你快樂嗎？」

他說：「等考通過國考，我就會。」

通過國考後，我再次問：「你快樂嗎？」

他說：「再給我幾年時間，等我有自己的房子，我就會快樂。」

「其實你並不想快樂，」我告訴他：「因為每一天都是你的生命，為什麼現在不快樂，要等幾年或擁有房子以後？」

人的悲哀就是這種「想贏得什麼來得到快樂，卻輸掉快樂」。你有一份工作，你現在就可以快樂，但是你設定一個目標說要升上某個職位；你衣食無缺，你現在就可以快樂，但是你有一個條件說要買到某件東西、要賺到一筆錢、要買到一間豪宅；你說：「只要到那時候，我就快樂。」那如果一直沒得到呢？你是不是一直都不快樂？

所以，每當有人問我，要怎麼做才能快樂？

我總回答說：很簡單，只要放下你認為能使你快樂的東西。要體驗快樂，並不需要更高的職位、更多的金錢、更大的車子、房子或更好的對象，重要的是你自己的想法。就像小孩沒升官發財，每天不也快快樂樂，對嗎？

我想起希臘神話裡：薛西佛斯因為被宙斯詛咒，懲罰他把石頭推到山頂，但是石頭推到山頂就立刻滾回山腳，所以得一次又一次日以繼夜地，進行無止境重複的動作，只要那塊大石頭無法停住，這樣的煎熬就會持續下去！

其實我們當中有許多人，並不比薛西佛斯好到哪裡去，只知不斷給自己設目標。我們常以為，只要達到某個未來的目標，就可以得到快樂，然而大部分的情況是，當我們完成某個目標之後，很快又回復原有的快樂程度——我們又有新目標。

曾有人懷疑：薛西佛斯死腦筋，每天只知傻傻地搬運石頭。我則懷疑薛西佛斯不但蠢，還是個無趣的人。因為就算推石上山是命定的，他也可以欣

賞路邊的野花，聽聽蟲鳴鳥叫，或是唱歌、吹吹風，對嗎？又沒規定說不行。

有些人很可憐，他們一輩子為了生活裡的繁忙而埋頭苦幹，他們甚至常常不知道自己正在度過人生最甜、最美的一段。然後不知不覺中，當生命走到了盡頭才醒悟，自己已浪費了一生的時間，他從來沒有真正的活著。

我們來到世上並不只是為了達成各式各樣的目標，也不是像火車一樣，只為了抵達各個車站。我們是來體驗人生的，「快樂享受」這趟旅程才是人生的目的。當你有這樣的認知，一旦旅程遇到障礙，一旦你坐那輛火車發生誤點或故障而停下來，你也不會挫折沮喪或生氣；相反地，你會利用這個機會走下火車，看看不同的風景，那將是完全不同的體驗。

快樂並不在目的地，是旅程中的每一步造就了快樂，旅程的本身就是目標，它們不是分開的兩件事。如果你能將過程當作目標一樣來享受，那整個旅程就會很快樂。

所以，不管你的目標是什麼，記住，一定要享受過程。

快樂是你自己決定要快樂起來的結果，僅此而已，就這麼簡單。

想過嗎？當你達成目標，你覺得很快樂，這目標是誰設定的？再想想，當你達成目標時，你很快樂，是誰要你快樂的？都是你自己，對嗎？

沒錯，不管有沒有達成，都要快樂，這才是人生的目標。

改善生活，不如享受生活

在這個世界生活有兩種方式，一種是改善生活，另一種是享受生活。

我們大多數人都在改善生活，「事情這樣不對，那樣不好。」而終其一生我們都企圖改善周遭的人事物。但你能夠改變多少呢？

古儒吉大師說：那好像是要企圖重新安排天上的雲朵一般。這使你無法快樂，無法打從內心發出微笑，無法愛人以及討人喜愛。它永遠像是根刺般的存在那裡，令人氣惱。

有個人一心想要在自己的院子裡種出一片漂亮的草皮。但是他發現有好幾株蒲公英在跟他作對，而且蒲公英愈長愈多，終於占據院子的一角。

他試了許多方法想把蒲公英從草皮上去除掉，噴農藥、換不同的肥料、把蒲公英一株株連根拔起，最

後，他只能求助於園藝店老闆。

「還有別的方法可想嗎？」他問。

「我的建議是，」老闆回答他，「你該學著去欣賞那片蒲公英。」

享受和改善是完全不同向度。改善的人專注於欠缺和錯誤的，他們總是抱怨；享受的人則專注在擁有和美好的事，他們懂得欣賞和感恩。更明白的說，享受生活的人，不需要改善；忙著改善生活的人，無法享受。

在這個世上，我們永遠不可能到達一個境地，在那裡一切都盡善盡美。美好的人生並不是指沒有問題產生，而是要放下那些問題；要享受生活，也不需要改善什麼，而是放下那些期待，那麼你現在就可以享受，不是嗎？

蘿絲太太已經九十歲了。她一早就穿戴整齊，頭髮梳成最時髦的樣式，臉上化妝一點也不含糊。

她先生剛剛去世，而她幾乎看不見任何東西了，因此，她必須搬到養老院去住。

她在養老院的大廳裡等待分配房間。她一點也不急躁，只是安靜地等著，臉上帶著微笑。

房間準備好了，養老院的社工人員領著她進駐。在電梯裡，社工人員將房間內部的狀況與布置描述給她聽。老太太驚嘆起來，就像小孩得到心愛的禮物一樣。

社工人員說：「老太太！慢點高興，妳還沒看到妳的房間呢！」

但是老太太說：「那沒關係！快樂是自己決定的心情。我喜歡這間房間並不是因為它的佈置，而是我早就決定要喜歡它。每天早上我醒來，我都會決定要快樂一整天。」

「我可以躺在床上，想我自己有多悲哀，我身體大部分的器官都已經不能用了。但我也可以高高興興起床，為剩下還能用的器官獻上感謝。」

我們必須從此時、此地，從現在的處境開始。因為不論我們走到哪裡，都帶著自己。問題不在外面，而是來自我們自己內心，因此，我們需要培養內在的轉化。引述愛默生的話：「我們也許會到全世界去尋找快樂，但是除非我們把快樂帶到身上，否則我們是找不到它的。」

美好的人生不是指沒有問題產生，而是要學會欣賞美好的人事物。
當你得到想要的東西，那很好；如果沒得到呢，那也沒關係；當結果是你希望的，去享受它，如果結果不是你期望的，也去喜歡它。
人生的際遇，不可能都是美好，但你可以讓經驗變美好。

是得？是失？

凡事有得，就有失。得失是相對的。

得到一份工作時，同時也失去了某些時間和自由；擁有一位伴侶，同時也失去了屬於個人的空間和自主；得到金錢、權力、名位或其他東西，也可能在追求的過程中，失去了更重要的東西，比如親情、友情，或青春、健康等等。

而在你失去的同時，其實也得到些什麼。失去青春，也許得到成熟；失去了高位，也許得到清閒；失去錢財，也許找回健康；失去了健康，也許得到了親友的關愛。

每個失去都能得到什麼。以失戀而言，若不沉溺於痛苦的感覺當中，其實可以好好想想：「在失去的同時，也得到了什麼。」事實上，我們失去的是不愛的人，應該慶幸又得到重新選擇、重新去愛的機會。

當親人在我們身邊，我們很少珍惜過，等對方離開，可能讓我們很悲傷難過，卻也讓我們學到珍惜。從失去中領悟到某些事情，得到成長。

再如從工作崗位暫時退下，不但可以解壓充電，更重要是有機會去重新檢視人生方向和工作目標，嘗試涉獵一些不同的範疇和挑戰，擴寬自己的眼界。

有位朋友一直有創業的夢想，直到失業才讓他真的去做。他說：「沒上班這幾年，我不但賺到自由，賺到自以為不會的能力、賺到面對問題的勇氣、還賺到人生的價值！」

失去或許能得到更珍貴的東西。百般無奈失業，誰知下一份工作竟然比原來的好；身體老化讓人失落，不能像以前一樣走得又快又遠，但也因此學會放慢腳步欣賞周遭的景物。

所以，不要感嘆你失去的，要去思考、去發覺，「失去要看你獲得的那一面，」我常提醒學生：「當你得到所追求的，也別忘了看看，是否失去什麼？」

人生就像爬山，本來我們可以輕鬆登上山頂去欣賞那美麗的風景，但由於身上背負了太重包袱，帶著無止境的索求上路，我們不但越爬越累，甚至連沿途的美麗風景也被忽略掉，空留一身的疲憊。

你曾認真想過嗎？你想擁有這個、想得到那個……這些不斷增加的東西、職位、財產、人際關係的包袱，到底是得？還是失？

有這麼一句話：「一個人的快樂，並不是他擁有的，而是他計較的少。多是負擔，是另一種失去。少非不足，是另一種有餘。捨棄也不一定是失，而是另一種更寬闊的擁有。」

像物理學家吳大猷，政治家孫運璿，雖然奉獻一生，卻一輩子清苦，看似失去了許多，但是他們卻獲得了所有人的敬仰；那些貪官、黑心商人獲得了大量的財物，卻失去了良心、人格，甚至坐牢失去了自由。

正所謂，有捨有得，不捨不得，能大捨的人才能大得。

一般人「得」就高興得意，「失」就感到悲傷失落，這就是沒領悟。在你得到的時候，在你快樂的同時，悲傷其實早已在那裡等你。

你得到你要的東西，你覺得很快樂，當有一天失去了，你就會覺得很悲傷；你曾經有多少快樂，當你失去就會有多少悲傷。失去是必然的結果，不管你得到什麼，失去是早已經注定的，因為死了誰都帶不走。

想想，既然到最後，沒有一件你喜歡的東西可以永久持有，何不豁達接受——生命中大大小小的失去。

你是擁有，還是享有？

許多人以為只要「擁有」就等於「享有」，其實我們「擁有」數十年人生，但可曾「享有」幾時的清閒自在？我們「擁有」日月山河，但有幾人真正去「享有」良辰美景？

「擁有」與「享有」是不同的。人們不斷擁有，買車子、房子、買名牌服飾，買了一屋子的東西，但並沒有更幸福、更滿足，為什麼？因為擁有不等於享有。

古時候有個視錢如命的守財奴，他把黃金藏在後院的一棵樹下，每週挖起來一次，對著黃金高興的看上好幾個小時。

一天，竊賊把黃金都挖走，守財奴再來看時，只見空洞一個，什麼都沒了。

他放聲大哭，鄰居都跑來看個究竟，然後其中一個問道：「那些黃金你用了多少？」

「一點都沒用，我只是每星期來看它一次。」守財奴傷心的說。

「既然這樣，你何不找幾個磚塊擦上金色的漆，以後每週就來看這些磚，那不是一樣嗎？」

「你是擁有，還是享有？」這問題你想過嗎？

譬如說你有一棟房子，你感到幸福美好，因為這房子提供你安全便利的生活，或是周邊環境優雅，綠意盎然，感覺舒適放鬆，這就是享有。

相反的，你買一棟房子，只是因為這個地區要蓋捷運，錢途看好，或是被房貸壓得喘不過氣，你就被物質占有。明白嗎？

擁有的是物質，享有的是精神上。把物質擺在心靈之前，等於是把馬車放在馬兒的前面，就本末倒置了。像有些人雖擁有氣派的豪宅，漂亮的庭院，卻成天在外賺錢；有頂級的廚房，櫥櫃和流理檯一應俱全，卻天天外食；收藏了各種名畫、古董，卻沒有一件看得懂。有跟沒有又有何差別？

哲學家艾伯特．胡巴特說得對：「我寧可有能力欣賞我無法擁有的東西，也不願擁有我沒有能力欣賞的東西。」

當我看到一朵漂亮的花，我就一定要將它帶回家嗎？當我能欣賞感受到美好，我已經得到它的本質，它在路旁，跟在我家並沒有兩樣。你也不需要去「擁有」一座山，一座公園，但只要你願意走進裡面，馬上可以「享有」

它了，不是嗎？

這故事我曾一再提到：有個富翁向智慧大師炫耀他的寶石。他拿著寶石在大師面前晃啊晃：「看出來了嗎？這寶石可是價值連城。」

大師說：「你真好，願意給我。」

富翁急著說：「我有說要給你嗎？」

大師回答：「你不是已經給我看了，那就算是給我了啦！寶石除了看看以外，還有什麼作用呢？」

是的，你可以享有，但不一定要去擁有。就正如你不一定要擁有太陽，才能享受它的光彩；不一定要擁有夜空，才能欣賞燦爛星辰。

有一首詩：高坡平頂上，盡是採樵翁；人人各懷刀斧意，未見山花映水紅。

樵夫為什麼無法欣賞映水紅的山花呢？因為他一心想找到好木材，對水邊的山花就視而不見。

別再忙著去追求了，你沒發現嗎？就是因為你太在乎追求反而讓你意識不到自己早已擁有的一切。

人能擁有未必能享有，沒有擁有卻有可能享有。

一個兩手空空的流浪漢，若能以大地為床、日月為燈、星空為簾幕、蟲鳴鳥叫為音樂、以萬物為寵物……。雖然什麼都沒有，也等於享有全世界。

當你享有世界的時候，還需要擁有全世界嗎？反之，如果你從未真正享受擁有的，那有也等於沒有。

世界不缺少美，而是缺少發現

在這個浩瀚的世界，雖然充滿無以計數的萬物，但是如果缺少了「你」，這世界也將失去意義。想想看，假如發生了一次意外，你失去了意識一星期，這星期世界也將消失不見。

但是，你會說，沒有我世界還是一樣繼續下去。是的，但是沒有你對世界的感受，它就不存在。如同天空中布滿了星星，若你不抬頭仰望，也等於不存在，不是嗎？

你有多久沒有聆聽早晨的鳥鳴，佇足欣賞樹梢上的嫩芽？有多久沒看草上的露珠，雨後的山巒，鳥兒翱翔，或觀賞過急流上跳躍的月光？

人到了一定年紀，似乎都有同樣的感慨：日子一天天從我們身邊流逝，而我們對它卻渾然不覺。詩人黛安．艾克曼在其作品《感官之旅》中即有感而發：「大部分人天生都具有敏銳的知覺，然而，我們對周遭的美妙事物恍

恍惚惚，過得有如行屍走肉。」

感受必須來自內心，唯有如此，那個感動才會發生。閉上眼睛，用「心」聽。聽見風聲了嗎？微風吹拂樹林的聲音是否觸動了你的心弦？好，現在想像你是一棵樹，風吹來，你該怎麼搖擺？鳥兒在樹上跳躍，會不會癢？再聞一聞，是否有一股清心的香氣呢？沒錯，是芬多精。

光著腳丫，到沙灘上、草地上跑跑或跳跳，感覺你的能量流經你的腳，通過你的腳到地面上。然後靜靜地站著，根植於地，感覺你的腳與地面的交流，一旦感覺甦醒過來，你內心的喜悅也將跟著活了起來。就像當你的手臂或腿麻木後，再度恢復知覺。

吃東西前先聞一聞，享受食物的氣味。別急，慢慢來，然後吃一小口，細細咀嚼，因為享受的感覺僅限於喉嚨以上，喉嚨以下就沒有味覺了，多嚼幾下，

這樣只要很少的食物就使你很滿足。假如你用心感覺，還會產生感恩的心。

餐桌上的每一樣食物都曾有過生命。洋蔥曾經生長在恆春半島的豔陽下。米飯是種在溼溼的稻田裡，從細長的稻莖上長出來的。鮮甜爽口、彈性十足的花枝、透抽是從大海捕撈。連咖哩的多種香料也都曾經擁抱過微風和細雨。

此外還有許多人幫忙，像是農夫、漁民、卡車司機，和做買賣的人，今天才能吃到這些食物。芳香的麵包也是由師傅的手仔細拌勻各種材料，並小心看著烤爐才烘焙好的。如果我們總是漫不經心，甚至邊吃邊看電視、滑手機。這樣又如何感受幸福美好？

許多人埋怨生活無聊，覺得無趣，這些埋怨都起因於我們對生活感受性太差。

其實，只要我們用心感受，隨時隨處都可以擁有歡喜。如路旁一朵可愛的野菊，枝頭鳥兒唱歌，乃至天邊的夕陽，你可以駐足欣賞。這時候野菊、小鳥、夕陽都為你存在。如果你「心不在焉，聽而不聞，視而不見，食而不知其味」，即使幸福近在咫尺也是枉然。

法國雕塑家羅丹說：「美到處都有的，對於我們的眼睛，不是缺少美，而是缺少發現。」

縱然你到全世界去尋找美，若沒將自己帶去，永遠找不到的。

一個有錢人可以擁有任何東西，但是如果欠缺感受，就不可能歡喜滿足。就像拚了命收集一大袋樹枝樹葉，也不會變成一棵活生生的大樹。一個感官麻木，視而不見的人，就算擁有再多，也很難感到幸福。

幸福，需要用心去感受

假如有一群人一起出去旅行，每個人都走同一條路，到同樣的地點，看同樣的風景，你猜哪個人會最享受？

猜對了嗎？答案是：最用心感受的人最享受。

曾有人問我：「常聽人說，如果能夠泡壺好茶、喝一杯咖啡，或是賞鳥、看星星，就很幸福。但是，當我在做這些事情時，為什麼沒感受到？」

最近跟一位老闆聊天，他也提到類似的疑惑：「別人都認為我應該滿足了，事業有成、妻子體貼、孩子成材、生活富裕。可是我幸福嗎？或許吧，但不知怎麼回事，就覺得好像少了什麼？」

為什麼擁有那麼多，卻還是不幸福？那麼，還欠缺什麼呢？「感受力。」

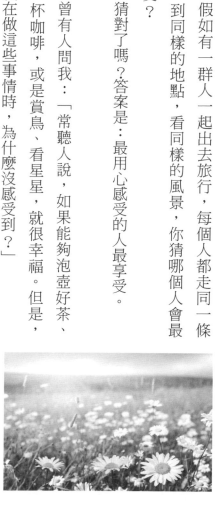

我說：「幸福，需要用心去感受。」

作家海格寫過一則故事：有一隻小魚聽說魚的幸福就在大海，於是牠問老魚：「你知道大海在哪裡嗎？」

老魚說：「你所在的地方就是大海，你就在大海啊！」

小魚疑惑：「但，我怎麼都看不到呢？」

我們也是如此。明明已經被幸福圍繞，卻沒有辦法體會那幸福的感覺。這幸福究竟在哪裡呢？幸福就在你我的心裡。

你現在就可以檢視自己。你是怎麼經驗幸福的？用眼睛？耳朵？嘴巴？滿足感在哪裡呢？腸胃嗎？手腳嗎？還是哪個器官？不，幸福感來自內心。所有的不滿都來自內心，所有的滿足也來自內心。這也正是許多人難以幸福的原因，他們將心靈以外的事物視為追求的目標。

也許你認為自己應該得到什麼就幸福，但是你可以捫心自問：「這些東西真能帶來幸福嗎？」你可以檢視內心，「幸福到底從何而來？」我女兒說：

「能看過往出遊的照片時，會憶起當時的歡樂，心底會甜甜的感覺。」沒錯，你對生活愈有感受就愈幸福。

宋代一位尼姑寫的悟道詩：「終日尋春不見春，芒鞋踏遍隴頭雲。歸來笑拈梅花嗅，春在枝頭已十分。」眺望遠處，風景迷人，走進風景，原來自己也是風景。

其實每個人的生活週遭都有著不同的小確幸。有柔軟的沙發、溫暖的床是幸福；有人關心你，愛著你是幸福；看到孩子一天天長大是幸福；喝一杯熱咖啡是幸福，每次經過麵包店，深吸一口剛出爐的麵包也是一種幸福……幸福就在身旁，欠缺的只是用心感受。

當我們躺在草地上，欣賞著如鑽石般的繁星，這就是幸福，而不是看著星星，還在想著幸福在哪裡。

擁有想要的東西，是莫大的幸福，但更大的幸福是不去想那些無法擁有的東西。

富人可以一擲千金，一餐飯花掉窮人一個月的收入，他們可以此為榮，但卻不一定比較幸福；窮人能吃上一碗牛肉麵的幸福感，也許遠超過富人吃的滿漢全席。

我們要追求的不是生活享受，而是要用心去享受生活。

高寶書版集團
gobooks.com.tw

HL 057
慢下來，幸福就不會擦肩而過
作　　者　何權峰
書系主編　蘇芳毓
編　　輯　黃芷琳
封面設計　Poulenc
排　　版　趙小芳
美術編輯　林政嘉
企　　畫　陳宏瑄

發 行 人　朱凱蕾
出　　版　英屬維京群島商高寶國際有限公司臺灣分公司
　　　　　Global Group Holdings, Ltd.
地　　址　臺北市內湖區洲子街88號3樓
網　　址　gobooks.com.tw
電　　話　(02) 27992788
電　　郵　readers@gobooks.com.tw（讀者服務部）
　　　　　pr@gobooks.com.tw（公關諮詢部）
傳　　真　出版部 (02) 27990909　行銷部 (02) 27993088
郵政劃撥　19394552
戶　　名　英屬維京群島商高寶國際有限公司臺灣分公司
發　　行　希代多媒體書版股份有限公司/Printed in Taiwan
初版日期　2015年3月

國家圖書館出版品預行編目(CIP)資料

慢下來,幸福就不會擦肩而過 / 何權峰著
-- 初版. -- 臺北市：高寶國際出版：
希代多媒體發行, 2015.03
面；　公分. -- (生活勵志；HL057)

ISBN 978-986-361-118-9(平裝)
1.人生哲學
191.9　　　　104000724

GOBOOKS
& SITAK
GROUP©